ECLETISMO PAULISTA

ITALIANO E NOSSO:
FELISBERTO RANZINI
E O "ESTILO FLORENTINO"

ECLETISMO PAULISTA
ITALIANO E NOSSO: FELISBERTO RANZINI E O "ESTILO FLORENTINO"

Waldir Salvadore

© 2015 Cultura Acadêmica

Cultura Acadêmica
Praça da Sé, 108
01001-900 – São Paulo – SP
Tel.: (0xx11) 3242-7171
Fax: (0xx11) 3242-7172
www.culturaacademica.com.br
www.livrariaunesp.com.br
feu@editora.unesp.br

CIP-Brasil. Catalogação na publicação
Sindicato Nacional dos Editores de Livros, RJ

S173i

    Salvadore, Waldir
       Italiano e nosso: Feslisberto Ranzini e o "estilo florentino" / Waldir Salvadore. – 1.ed. – São Paulo: Cultura Acadêmica, 2015.

    ISBN 978-85-7983- 676-3

       1. Arquitetura – São Paulo (SP). 2. Imigrantes – São Paulo (SP) – História. 3. Brasil – Civilização – Influências italianas. I. Título.

15-27777	CDD: 720.98161
	CDU: 72(815.61)

Editora afiliada:

AGRADECIMENTOS

Por diferentes motivos,
aos amigos Laura e Percival Tirapeli, Wilson Bianchi e
Edna Onodera, parceiros nessa aventura;

A Renzo Ranzini, sempre solícito, sempre gentil, pela longa e
preciosa entrevista concedida... sem contar as conversas avulsas;

A Dario Bueno, pelo zelo desinteressado com o acervo documental
remanescente do arquiteto e pela generosa cessão
de material fac-similar à Casa Ranzini;

À dupla sino-japonesa Gerson Tung & Ligia Minami responsáveis
pela bem cuidada produção gráfica;

A Roger Sassaki e a Fernando Fortes, pelos belos ambrótipos
produzidos especialmente para este livro;

A Marcela Porcelli, pela disposição em trilhar comigo muitos
quilômetros de território italiano, pela paciência infinita subindo
e descendo ladeiras, entrando e saindo de becos, atrás do bendito
"florentino"...

A ela dedico estas linhas, com amor.

A cultura arquitetônica deleitou-se, por mais de cem anos, com o fato de ter acolhido os mais variados elementos lexicais, extraindo-os de todas as épocas e regiões, recompondo-os de diferentes maneiras, de acordo com princípios ideológicos, nos quais podem ser distinguidos, pelo menos, três correntes principais: a da composição estilística, *baseada na adoção imitativa coerente e "correta" de formas que, no passado, haviam pertencido a um estilo arquitetônico único e preciso [...]; a do* historicismo tipológico, *voltado, predominantemente, a escolhas apriorísticas de cunho analógico que deviam orientar o estilo quanto à finalidade a que se destinava cada um dos edifícios [...]; a dos* pastiches compositivos *que, com uma maior margem de liberdade, "inventava" soluções estilísticas historicamente inadmissíveis e, às vezes, beirando o mau gosto (mas que, muitas vezes, escondiam soluções estruturais interessantes e avançadas).*

Considerações sobre o ecletismo na Europa – Luciano Patetta in *Ecletismo na arquitetura brasileira* (1987)

De um modo geral, as nossas ruas desse tempo passaram a receber construções em correnteza, ainda ligadas à tradição antiga do gregarismo, as casas nos alinhamentos e poucos jardins laterais [...]. Fachadas ornamentadas com relevos em estuque. Ornatos, alguns compostos no local, mas a grande maioria comprada já pré-moldada. Aí é que entrava a imaginação: compor e harmonizar entre si relevos de modo a obter uma sinfonia que levasse os olhos do expectador a vagarosamente ir percorrendo aquela superposição rica de ressaltos. [...] Tudo isso comum a todas as casas que adensavam as cidades então em desenvolvimento. A descrição sumária cabe a todas as ruas. Mas de cidade para cidade, às vezes de bairro para bairro, há sempre uma linguagem diferente, um certo condicionamento de difícil definição, sabidamente ligado à mão de obra, a modismos personalistas logo transformados pelos copistas atentos numa sintaxe definidora de um dialeto regional. A leitura dos espaços urbanos é assim facilitada e definida. [...] Enfim, essa facilidade de identificação dos espaços urbanos é que define os patrimônios ambientais, que nunca foram bem interpretados, analisados, quantificados. Só sabemos que têm sido sistematicamente destruídos, impedindo a perpetuação das identidades, a fixação dos caracteres definidores, em obediência a uma fatalidade histórica de um país sem memória.

**O neoclássico e o ecletismo – Carlos Lemos
in *Arquitetura brasileira* (1979)**

SUMÁRIO

APRESENTAÇÃO
A cidade que escolheu ser eclética 13

INTRODUÇÃO
Da residência de Felisberto à "Casa Ranzini"................ 23

CAPÍTULO 1
Os Ranzini chegam ao Brasil 29

CAPÍTULO 2
A trajetória de Felisberto Ranzini: breve síntese 39

CAPÍTULO 3
O arquiteto prático 51

CAPÍTULO 4
A obra edificada 59

CAPÍTULO 5
Ecletismo à italiana: o "estilo florentino" 83

CAPÍTULO 6
É uma casa florentina, com certeza 147

CAPÍTULO 7
Uma possível autoria?..177

CAPÍTULO 8
Uma curiosidade: a fonte de Santa Luzia......................189

Glossário... 205

Referências bibliográficas 209

Iconografia 217

APRESENTAÇÃO

A CIDADE QUE ESCOLHEU
SER ECLÉTICA

Fernando Atique[1]

A cidade é um "arquivo da história". Essa expressão, usada pelo espanhol Fernando Chueca Goitia (2008, p.23-39) para nomear um dos capítulos de sua obra mais conhecida no mundo lusófono, constituiu-se, de fato, numa reflexão importante.

Se aceitarmos a máxima de que a escrita da história opera com duas categorias basilares – o tempo e o espaço – perceberemos que o suporte que as conformações urbanas oferecem à produção histórica é privilegiado. Moldadas, há milênios, por ações diretas de atores sociais e prestando-se às mais variadas funções, desde abrigo, passando por defesa até puro deleite estético, as cidades desvelam dimensões políticas, culturais, formais, técnicas e sensoriais que são "entradas" incontestes para a reflexão histórica.

---

1 Fernando Atique, pesquisador de história da arquitetura, da cidade e da preservação, é professor de História, Espaço e Patrimônio Edificado no Departamento de História da Escola de Filosofia, Letras e Ciências Humanas da Universidade Federal de São Paulo. É um dos coordenadores do grupo de pesquisa Cidade, Arquitetura e Preservação em Perspectiva Histórica (CAPPH), na mesma universidade.

A possibilidade de desnaturalizar o "espaço produzido" cotidianamente ao longo de séculos tem permitido que historiadores mostrem como a cidade é um território denso, múltiplo nas práticas de produção e apropriação de seus lugares, repleto de convivências não pacíficas, formas não homogêneas e representações simbólicas que são envoltas em disputas.

A cidade, dessa feita, deve ser vista como um território da multiplicidade, da mistura, da convivência, da variedade. A cidade, em especial a brasileira, é um ente de muitas faces. Essa constatação permite ao leitor desta obra entender a razão que motivou Waldir Salvadore a batizá-la de *Italiano e nosso: Felisberto Ranzini e o "estilo florentino"*. Essa nomenclatura é fruto do olhar apurado de um historiador que percebeu na cidade de São Paulo testemunhos materiais de uma conexão obliterada por nossa historiografia: a de uma maneira de fazer arquitetura "em estilo", recuperadora de ligações culturais que eram, no momento de seu aparecimento, discursos claros perante a sociedade que a acolheu.

Como nos narra Salvadore, foi circulando pelas ruas da cidade de São Paulo que, décadas atrás, ele se deparou com a casa de Felisberto Ranzini. Em um espaço corriqueiro ao então *office boy*, o bairro da Liberdade, repleto de edifícios em processo de degenerescência e com ruas tomadas por comércio popular, emergiu uma edificação que, curiosamente, se apresentou "falando" com um sotaque tipicamente paulistano, muito embora sua forma não fosse tão comum.

Ora, esse relato do autor nos permite dizer algo importante: "toda arquitetura é uma forma de discurso". Assim, toda arquitetura deve procurar ser ouvida, lida e decifrada como um documento textual. Esse documento arquitetônico, como nos alerta Chueca Goitia, está dentro da cidade, foi pensado para ela e ajuda a moldá-la. A cidade, desta maneira, não precisa ser vista como algo a ser documentado, mas precisa vir a ser lida como um documento arquivado em seus desvãos. Para cada arquitetura em estudo, temos, diante de nós, suficientes pistas para a descoberta das razões sociais, políticas, econômicas e culturais que fizeram os edifícios serem das maneiras que são. Essas observações do ambiente construído, pois, nos guindam à outra constatação: "toda arquitetura é investida dos desejos de seu demandante, da habilidade de seu projetista e da perícia de seus executores". A arquitetura, assim, é obra plasmada no *corpus* social. Analisá-la é procurar as múltiplas contribuições que a trouxeram à vida urbana.

Examinar aquele edifício na pequena Rua Santa Luzia levou Waldir Salvadore a tentar compreender seu autor, seus moradores, seu tempo. Os Ranzini, de fato, acabaram assumindo rostos ao longo da pesquisa, e, dentre estes, Felisberto, produtor de espaços importantes na Pauliceia, funcionário de uma das mais importantes organizações construtivas mantida na capital, chefiada por Francisco de Paula Ramos de Azevedo. Salvadore revelou, com isso, que a casa dos Ranzini era mais que uma simples edificação sobrevivente da São Paulo da década de 1920; era, ela mesma, a chance de esclarecer as relações de poder, comerciais, artísticas e simbólicas existentes entre o onipresente Ramos de Azevedo e as dezenas de colaboradores que teve em seu escritório, tomando Ranzini como caso de estudo. Dessa forma, esta obra também versa, com muito cuidado e com o apoio de fontes primárias preciosas, sobre um arquiteto sem diploma, mas que legou dezenas de edifícios e ensinou aos futuros engenheiros-arquitetos da Escola Politécnica de São Paulo a fazer arquitetura. Trata, pois, este livro, de ensino, profissão, lutas simbólicas, apagamentos intencionais e esquecimentos naturais num momento em que não apenas organizavam-se os arquitetos em órgãos profissionais, como delimitavam os territórios de ação para cada produtor de espaços no país.

Se Waldir Salvadore tivesse abordado apenas estas questões, a contribuição que traria já seria digna de nota. Mas ele foi além, procurando compreender por que aquele pequeno edifício florentino, cuja estilo arquitetônico não era tão presente nos livros de história da arquitetura, nem mesmo nos inventários de proteção do patrimônio, falava *paulistanês*, e não um dialeto da península itálica em plena São Paulo. Compreender por que o florentino era italiano, mas era tão nosso também. Pôs-se, então, Salvadore, como historiador profissional, a procurar entender o que era o "ecletismo", em sua dimensão composicional e política.

A arquitetura produzida dentro do arco temporal que ficou conhecido como "ecletismo" é, sem dúvida, uma das mais *comunicativas*. Sua observação, seu estudo, sua análise, enfim, permitem maneiras de compreensão de uma sociedade em processo de mudança após as alterações produzidas pela Revolução Industrial na economia, na organização social, na educação profissional, bem como nos gostos, no mundo ocidental. O ecletismo, cuja palavra em português é derivada do grego *eklektikos* [que pode ser traduzido como "escolhendo o mais apropriado", ou mesmo "selecionando" dentro de uma gama de possibilidades], traz, consigo, algo bem importante, que é a ideia de uma miríade de opções à escolha dos atores sociais envolvidos com a construção.

A arquitetura eclética, ou seja, "aquela que permite a escolha", lidava, então, com a opulência, com a dimensão faustosa, com a variedade e, por essa razão, levava à escolha dos melhores, mais convenientes ou mais personalistas arranjos formais, assim como das combinações espaciais e materiais mais apropriadas para o discurso que almejava fazer dentro da cidade. No ensino acadêmico de arquitetura havia, inclusive, a divulgação da ideia de uma procura pela *architecture parlante*, como frisa Gustavo Rocha Peixoto (2000, p.11). Essa "arquitetura falante" legou às fachadas dos edifícios, ao longo do século XIX e primeiras décadas do século XX, a exaltação de discursos, que explicavam a função de cada obra. Dessa maneira, um fórum jamais seria concebido com um sistema ornamental delicado, doce e feminino, mas, antes, ser pujante, sisudo, sério, de maneira que comunicasse a rigidez inerente ao sistema jurídico.

Essa característica foi trabalhada nos países de imigração, como o Brasil, de uma maneira bem criativa. Muitos imigrantes – enriquecidos ou não – trouxeram para a arquitetura de suas residências e negócios elementos que *falavam* de suas origens. Muitos arquitetos, ao serem demandados por imigrantes, também deveriam trazer traços das origens étnicas dos comitentes aos edifícios que produziam. Essa "comunicação" era feita, em especial, por meio dos ornamentos. Cariátides, atlantes, colunas gregas, ogivas e até mesmo o *fascio* eram empregados de maneira a autenticar vinculações além-mar. Mas, dentro da grande seara ornamental disponível durante a vigência do ecletismo, muitos edifícios empregavam ornamentos pouco vinculados à etnicidade, recorrendo mais à liberdade compositiva e ao ideal de exaltação de negócios, em especial em fachadas de edifícios comerciais, como o da Casa da Boia, na Rua Florêncio de Abreu. Ali, ao invés de elementos árabes, explicitadores da origem do proprietário, comparece uma boia sanitária na sobreverga do acesso principal, motivo do enriquecimento daquela família (Almeida, 2014).

Felisberto Ranzini, ao projetar em São Paulo, produziu dentro da mesma lógica. Ora exaltando a etnicidade, ora produzindo arquiteturas de grande requinte ornamental, não vinculadas às origens dos comitentes. Essa variedade de soluções demonstra, assim, a grande versatilidade de seu repertório como projetista, além de sua erudição. Em sua casa, por exemplo, está presente o *fascio*, algo que no período da II Guerra Mundial pode lhe ter custado antipatias dentre os locais anti-Eixo. Mas, nela, também podemos verificar um domínio grande de escala: em lote de testada estreita, inseriu uma edificação vertical que é extremamente bem proporcionada e cumpridora de um programa de necessidades típico dos setores médios paulistanos, em desenvolvimento naquele período (Carvalho, 2014).

Este livro, que vem ladeado por mais dois, escritos por outros dois brilhantes historiadores, dentro de uma coleção importante sobre o ecletismo paulista, revela algo que pode ser lido como uma persistência daquilo que defendemos nestas páginas: a ideia de que São Paulo é uma cidade de muitas faces, repleta de opções, cores, texturas, sons, falas e artífices. Como tudo isto convive, em pleno século XXI, lado a lado, podemos dizer, então, que o ecletismo paulista nunca se esgotou. Se ecletismo é escolha, São Paulo escolheu ser mistura. E, para nosso deleite, Waldir Salvadore escolheu estudar aquilo que quase ninguém olhou nessa cidade eclética: a arquitetura florentina riscada pelo – quase – esquecido Felisberto Ranzini.

Referências bibliográficas

ALMEIDA, R. G. C. de. A experiência migratória: trajetória de Rizkallah Jorge Tahan em São Paulo (1895-1949). *In*: *Anais Eletrônicos do XXII Encontro Estadual de História*. Santos: ANPUH, 2014.

CARVALHO, C. C. V. A. de. Os setores médios e a urbanização em São Paulo: Vila Mariana, de 1890 a 1914. In: *Anais Eletrônicos do XXII Encontro Estadual de História*. Santos: ANPUH, 2014.

GOITIA, F. C. A cidade, arquivo da história. In: _____. *Breve história do urbanismo*. 7.ed. Lisboa: Editorial Presença, 2008.

PEIXOTO, G. R. O ecletismo e seus contemporâneos na arquitetura do Rio de Janeiro. In: CZAJKOWSKI, J. (Org.). *Guia da arquitetura eclética do Rio de Janeiro*. Rio de Janeiro: Casa da Palavra; Centro de Arquitetura e Urbanismo, Prefeitura da Cidade do Rio de Janeiro, 2000.

INTRODUÇÃO

DA RESIDÊNCIA DE FELISBERTO À "CASA RANZINI"

(1) Felisberto Ranzini
(1881-1976). (ADB)

À frente de qualquer outra consideração, devo confessar que a antiga residência do arquiteto ítalo-paulistano Felisberto Ranzini – ponto de partida de uma história pessoal que, após tantos anos e algumas peripécias, acabou por fornecer o mote para este pequeno estudo – é objeto de amor antigo... Na verdade, topei com a criação muito antes de conhecer seu criador. Meu primeiro contato com a casa, situada na curtíssima e pouco afamada Rua Santa Luzia, no bairro da Liberdade, se deu em meados da década de 1970 por acaso, quando das minhas errantes andanças, na condição de *office boy*, pelos recantos mais inóspitos e insólitos de São Paulo. Aliás, ao longo de três anos nessa lida, muitas foram as descobertas, os encantamentos... e também as perplexidades: não foi pouco o que vi ser destruído sem o menor protesto, num momento em que a luta pela preservação do patrimônio histórico da cidade ainda engatinhava. Entre tantas lembranças eu recordo, por exemplo, o dia em que fui visitar a residência do industrial Basílio Jafet no Ipiranga... e testemunhei o início de sua demolição... O fato é que, por essa época, ainda adolescente, comecei a tomar gosto pelo assunto, a ler e me informar a respeito e a fotografar compulsivamente tudo o que me parecia relevante e ameaçado de desaparecer (atividade que nunca mais abandonei e que resultou num acervo apreciável, aqui parcialmente utilizado); era o pouco que restava fazer no meu diletante alcance, face à supressão fria e metódica de nossa memória urbana e arquitetônica. Em paralelo, esse e outros tantos interesses mais ou menos correlatos me conduziram meio que naturalmente ao curso de História da Universidade de São Paulo e, anos depois, ao mestrado em sociologia da arte na mesma instituição.

Enquanto isso, o elegante e impávido "castelinho" de inspiração florentina ia resistindo com a dignidade possível ao transcurso do tempo. Sempre que a ocasião permitia (e sempre temendo pela sua sobrevivência) eu passava pela tristonha e esquecida Rua Santa Luzia para dar uma olhadinha; igualmente sempre intrigado com a presença do *fascio*, de funesta memória, a coroar sua fachada. Também nunca entendi a ausência desse imóvel de características tão peculiares no inventário dos bens culturais arquitetônicos de São Paulo e Região Metropolitana, realizado pelos governos estadual e municipal e publicado em 1984 (o que só aumentava minha apreensão por sua sorte, visto que ele não gozava de qualquer espécie de proteção do poder público). Vim a descobrir o nome do seu arquiteto e primeiro morador logo depois, quando li o livro clássico de Salmoni e Debenedetti sobre arquitetura italiana em São Paulo: lá estava ele, na sumária relação de obras de declarada autoria de Felisberto Ranzini.

Quando poderia imaginar que, passados vinte anos, circulando novamente pelas redondezas, mais precisamente para ver o resultado do restauro de outro "castelinho", este na Rua Conde de Sarzedas – atual Centro Cultural do Museu do Tribunal de Justiça – verifico que a Residência Ranzini está à venda (como também o imóvel ao lado: prato cheio para um empreendimento imobiliário). Apresentando-me à corretora como interessado, aproveito a oportunidade para, finalmente, conhecê-la por dentro... Entre excitado e temeroso, percorro cada desvão da casa acompanhado do então único morador, neto do arquiteto, que nela passou seus mais de setenta anos de vida! Constato, aliviado, que ela está compreensivelmente decrépita... mas intacta! Diante do preço pedido, sem maiores expectativas, faço uma contraproposta modesta... que é aceita! E ainda assim não dispondo do valor, recorro aos amigos mais próximos para se cotizarem... e eles concordam!

Dessa forma, por um inusitado consórcio, o imóvel foi adquirido em 2006 dos netos de Felisberto, os irmãos Lello – já falecido – e Renzo Ranzini, hoje nosso grande amigo. No ano seguinte iniciamos um lento processo de restauro que se estendeu até 2008 – afinal, nossa pequena sociedade tem contado desde o princípio somente com seus próprios meios – mesmo ano em que entramos com o pedido de tombamento junto ao Conselho Municipal de Preservação do Patrimônio Histórico, Cultural e Ambiental da Cidade de São Paulo (Conpresp). Em 2009, tomamos igual providência junto ao Conselho de Defesa do Patrimônio Histórico, Arqueológico, Artístico e Turístico do Estado de São Paulo (Condephaat). Ambos os processos foram abertos, sendo que o Conselho Estadual aprovou nossa solicitação em novembro de 2013 e o Municipal, em julho de 2015. Com isso, a Residência Ranzini passou, afinal, a ter sua importância reconhecida oficialmente e a contar com proteção legal definitiva.

Em suma, uma singela odisseia com desfecho feliz. Nesse meio tempo, algumas exposições e cursos foram realizados no local – que passamos a tratar carinhosamente como "Casa Ranzini" – um laboratório de pesquisa de técnicas fotográficas do século XIX foi instalado (e que produziu preciosos registros especialmente para esta publicação), um escritório de arte-educação tem respondido pela ocupação permanente e a manutenção básica do imóvel. Nessa toada, a Casa foi adquirindo, sem nenhum planejamento mais rigoroso, um perfil de espaço cultural informal. Sem prejuízo da continuidade dessas iniciativas e de outras ainda por amadurecer, a ideia é que a Casa Ranzini também passe a acolher um núcleo de estudos e divulgação voltado à iconografia urbana e à arquitetura eclética paulista – universo no qual a residência constitui exemplar significativo e inspirador. Como ato simbólico inaugural dessa nova etapa, a proposta de uma pequena coleção de trabalhos voltados à investigação do ecletismo arquitetônico em São Paulo teve a felicidade de ser contemplada em 2014 no concurso de projetos para publicação de livros inéditos, integrante do Programa de Ação Cultural (Proac) da Secretaria de Estado da Cultura. Assim, como parte da coleção "Ecletismo Paulista", em companhia de dois fascinantes estudos, um sobre Joaquim Cavalheiro, um entre tantos esquecidos "práticos licenciados" – Ranzini, em sua trajetória mais afortunada, como veremos aqui, também foi um deles –, anônimos criadores de boa parte da arquitetura residencial popular da cidade na passagem dos séculos XIX e XX, outro sobre a presença fundamental da tradição clássica na produção eclética paulistana (bem como suas "ressonâncias" na atualidade), respectivamente dos colegas pesquisadores Lindener Pareto e Gilberto da Silva Francisco, publicamos este sumário e despretensioso "ensaio" – na falta de um nome mais justo, vamos chamá-lo, muito livremente, assim – em que, ao lado do oportuno resgate da memória e da obra de Felisberto Ranzini, bem como de alguns traços do contexto histórico e estético em que ele atuou, procuramos abordar mais detidamente uma das expressivas variantes do ecletismo arquitetônico paulista na qual sua casa representa um documento valioso: o chamado "estilo florentino". De resto, em conjunto com os outros volumes da coleção, tangenciamos alguns temas e questões que deverão integrar a pauta de pesquisas e reflexões mais aprofundadas à qual a Casa ora se propõe. Essa, pelo menos, é a nossa pretensão. E nessa direção será o nosso empenho.

CAPÍTULO I

OS RANZINI CHEGAM AO BRASIL

(2) Residência Felisberto Ranzini. Calótipo úmido, 18 x 24 cm, positivo digital. (Fernando Fortes / dez. 2012)

Sisto "Rangini" (assim seu sobrenome foi grafado pela primeira vez em terras brasileiras), pedreiro, então com 29 anos, procedente do Rio de Janeiro, chegou às recém-concluídas instalações do Alojamento Provincial de Imigração em São Paulo no bairro do Brás, conforme registros à página 253, livro 013, em 12 de setembro de 1888, acompanhado da esposa "Rosa" (com 27 anos) e dos filhos "Filiberto" (7 anos) (3), "Romeu" (4 anos), "Ida" (2 anos) e "Emma", com meses de vida (4). Vieram da Comuna de San Benedetto Po, Província de Mantova (Mântua), Região da Lombardia (5). Na chegada, a família recebeu do governo um auxílio inicial de 130 mil réis. Pouco mais de seis meses depois, em anúncio publicado na edição de 26 de abril de 1889 do *Correio Paulistano*, sob o obscuro título *"Bom rival industrial Franco-italiano"*, Sisto proclamava à Pauliceia que "ainda nessa progressiva capital *(sic)*, não foi importada uma das mais vantajosas e forte industria *(sic)*, riqueza para o paiz, a industria dos Fornos a fogo continuado". Mas isto certamente não era mais um problema, já que,

29

Filiberto Ranzini
in braccio di sua
madre Eugenia Rosina
Ranzini
fotografia fatta il
22 aprile 1883
in Mantova (Italia)

(3) Felisberto Ranzini com um ano e nove meses no colo de sua mãe, Eugenia Rosina. (ADB)

Esta falta vem preenche-la um afamado empreiteiro e constructor de obras, o qual por preços assaz modicos, construirá fornos de qualquer tamanho ou importancia, e que fornecerão aos proprietarios todas as vantagens possiveis, quanto ao trabalho como também ao que se refere ao ganho, sem contestação superior á espectativa *(sic)*. Não tendo rival na construcção dos fornos, aceita qualquer pericia de engenheiros, praticos do serviço e dá todas as explicações, que lhes podem ser pedidas na vantagem da sua obra. Os fornos podem ser promptos *(sic)* tijolos, telhas, vasos e utensis *(sic)* de terra, vidro etc., e ser mantidos com combustiveis em lenha ou carvão, sendo lenha só ou carvão só. Empreita construcção de casas, obras architectonicas, hydraulicas etc. trabalhando com solidez, precisão e promptidão e a preços sem competidor. Confiando no apoio do illustrado publico, o constructor recebe qualquer pedido com a endereço *(sic)* Sisto Ranzini Rua Alegre número 4. (Guedes; Berlinck, 2000, p.449)

A alegada ascendência franco-italiana – improcedente, segundo informou seu bisneto Renzo Ranzini, em longa entrevista concedida em 18 de maio de 2013 – comportaria uma estratégia de autopromoção do "afamado empreiteiro e constructor" recém-imigrado, num tempo em que a origem francesa era marca de distinção? É bem possível.[1]

---

1 A enorme (e tardia, comparada a outras capitais brasileiras) influência francesa na vida material e cultural da elite paulistana da segunda metade do século XIX é destacada em artigo de Emília Viotti da Costa, no qual faz

Matricula dos Immigrantes entrados no Alojame...

Typ. a Vapor Bureal, Praça da & C. S. Paulo

Numero	NOMES		Idade	Estado	Nacionalidade	Profissão	Procedencia	Nome do Navio	CHEG Mez
120937	Ernest Albert		26	s	Austria		Santos		Ab...
38	Cryola Antonio		35	.					
39	Colangio Domenico		55	.					
120940	Tornasan Giacomo		47	.					
41	Pachar Francesco		24	.					
42	Cete Giuseppe		31	.					
1143	Alberto de Oliveira		12	.	Portug				
44	Jambarda Rossongo	Mar	27	c	Austria	Jornaleiro	Rio	Liban	
"	—	fª	3	s					
45	Pism Carlo	Mar	30	c	.	.			
46	Guilia	Mad	30	.	.				
47	Emma	fª	3	s	.				
48	Emanuena	.	1	.	.				
249	Piva Giuseppe	Mar	25	c	Italia	Trabalhador	.		
120950	Blunk	Mad	17	.					
51	Malavai Enrico	Mar	22	c	.	.			
52	Commerita	Mad	31	.	.				
53	Francesco	fª	9	s	.				
54	Emilia	.	7	.	.				
55	Adelgisa	.	1	.	.				
56	Celeste	.	3	.	.				
57	Tadolei Pellegrino	Mar	54	c	.	Agricultor			
58	Angela	Mad	58	.	.				
59	Pietro	fª	20	s	.				
120960	Eliva	.	18	.	.				
61	Rangini Austo	Mar	29	c	.	Pedreiro			
62	Rosa	Mad	27	.	.				
63	Gilberto	fª	7	s	.				
64	Romeu	.	4	.	.				
65	Tola	.	2	.	.				
66	Bernado	.	Mexes	.	.				
67	Partinelli Gio Ant	Mar	41	c	.	Agricultor			
68	Rosa	Mad	32	.	.				
69	Serafino	fª	3	s	.				

...ovincial de Immigração em São Paulo 253

PAGAMENTO			SAHIDA		DESTINO		Volumes de Bagagens	Observações
...ada um	Total do auxilio	Mez	Dia	Mez	Dia	Provisorio	Difinitivo		

(4) Registro de chegada da
família Ranzini à Hospedaria
dos Imigrantes em São Paulo –
12 de setembro de 1888.
(www.museudaimigracao.org.br)

(5) San Benedetto Po (Província de Mântua, Região da Lombardia). Basílica Polironiana, principal monumento da cidade.

O fato é que, logo no ano seguinte à sua chegada, num português estropiado e com a imodéstia que caracteriza a propaganda desde sempre, Sisto oferecia seus serviços profissionais, atendendo à antiga Rua Alegre (atual Rua Brigadeiro Tobias). Sobre essa atividade, Renzo recordou uma história familiar na qual o bisavô teria colocado em dúvida a eficácia de um forno, projetado por um engenheiro francês (!) para a Vidraria Santa Marina... que, efetivamente, não funcionou, tocando a Sisto a sua reconstrução.

As informações sobre o patriarca da *famiglia* Ranzini no Brasil são esparsas e fragmentárias, diversamente do que ocorre com alguns de seus descendentes. Ao lado do primogênito, objeto deste ensaio, merece registro seu filho não menos importante no contexto particular da história industrial e das artes aplicadas em São Paulo, Romeo Ranzini. Na mais que provável esteira da experiência paterna e depois de uma viagem à Itália e à Alemanha para a aquisição de equipamentos e a contratação de operários e técnicos especializados, Romeo e sócios inauguraram em 1913 as primeiras instalações da Fábrica Santa Catharina (Fagundes, Ranzini & Cia.), numa área de 28 mil m² à Rua Aurélia, na

menção aos pretensos "franceses" de então: "Todo artesão adquire especial prestígio se for francês. Essa elevada consideração em que são tidos todos os artífices e objetos da França provocam, como é de se esperar, muita fraude comercial, muito abuso. O que acontece em outras partes do Brasil [...] repete-se em São Paulo, mantidas as devidas proporções. Alguns europeus que sabem falar francês, tentam fazer-se passar por tal" (Costa, 1953, p.328).

35

então rural Vila Romana. Foi empresa pioneira na produção de louça branca – a chamada "faiança fina" – para uso doméstico em São Paulo e modelo para as que se seguiram. Sucessivamente ampliada – por sinal em 1916 o velho Sisto aparece como empreiteiro responsável de um projeto nesse sentido – em fins da década de 1910 já contava com algo em torno de mil funcionários. Em 1927, a fábrica passou para o controle das Indústrias Reunidas Francisco Matarazzo. Com formação na área química, pesquisador dedicado da matéria, Romeo seria contratado pelos novos proprietários, em 1932, como responsável técnico pela transferência da *expertise* desenvolvida na empresa que fundou, num claro reconhecimento da qualidade anteriormente alcançada. Em 1934, seguindo a tradição, encontramos Romeo ao lado do filho, Ido Sisto Ranzini (este no cargo de tesoureiro), subscrevendo a "Acta de Installação do Syndicato Patronal de Ceramica de Louças de Pó de Pedra do Estado de São Paulo". Ele ainda abriria um estabelecimento de menor porte em 1929, a Fábrica de Louça Romeo Ranzini, na esquina das ruas Clélia e Duílio, bem próximo da Santa Catharina (por essa época, Sisto, o pai, informava como seu endereço no "Registro de Constructores" – 1925-1928 – da Diretoria de Obras e Viação da Prefeitura, a mesma Rua Duílio, 19). O novo estabelecimento chegou a ter 78 funcionários em 1935. Em 1946, parte da produção foi transferida para Osasco, onde o industrial encerraria suas atividades no ramo cerâmico, em meados da década de 1950. Não bastasse isso tudo, Romeo ainda teria, segundo Carlos Lemos (1984, p.168), "queimado" na sua primeira fábrica os azulejos decorativos (com desenhos de José Wasth Rodrigues) para o Largo da Memória e para os monumentos do Caminho do Mar, obras destacadas de Victor Dubugras. Já na segunda empresa, seria novamente chamado a colaborar – desta vez com o Atelier Osirarte, criado por Paulo Rossi Osir em 1940 – para executar em azulejos os desenhos de Candido Portinari, destinados ao revestimento das paredes do antigo Ministério da Educação e Saúde no Rio, atual Palácio Gustavo Capanema, um dos marcos da moderna arquitetura brasileira. É curioso como, anos depois, um novo membro do clã teria papel importante em outro projeto ligado ao arquiteto Oscar Niemeyer: o sobrinho-neto de Romeo, Lello Sisto (como se vê, o construtor de fornos e patriarca do ramo brasileiro dos Ranzini foi homenageado em mais de uma geração da família), engenheiro civil formado pelo Mackenzie e um dos profissionais envolvidos nos cálculos estruturais do Palácio da Justiça em Brasília, executados na segunda metade dos anos 1960 pelo escritório técnico do qual era sócio.

Em outra vertente da prole do velho Sisto, o filho mais novo, Brasil Ranzini, foi professor do Liceu de Artes e Ofícios e trabalhou no escritório de Ramos de Azevedo, seguindo os passos do filho mais velho (e avô do mencionado Lello), Felisberto.

CAPÍTULO 2

A TRAJETÓRIA DE FELISBERTO RANZINI: BREVE SÍNTESE

(6) Palácio das Indústrias.
Ambrótipo, placa de vidro
12 x 16 cm.
(Roger Sassaki / jun. 2014)

O primogênito de Sisto, Felisberto Ranzini (18.8.1881-22.8.1976), estudou no Liceu Coração de Jesus e no Liceu de Artes e Ofícios. Ingressou na seção de desenho e composição arquitetônicos (**7 a 12**) do Escritório Técnico de Ramos de Azevedo em 1904 – onde trabalhou até 1946 – a convite de Domiziano Rossi (**13 e 14**). Com a morte deste último, em 1920, Felisberto sucedeu-o na chefia da seção, tendo participado das principais realizações do escritório pelo menos até 1935.

No livro clássico *Architettura Italiana a San Paolo*, publicado originalmente pelo Instituto Cultural Ítalo-Brasileiro em 1953 e referência obrigatória na matéria, encontramos este resumo biográfico (com um agradecimento pessoal das autoras, Anita Salmoni e Emma Debenedetti, ao biografado):

39

(7 a 12) Livros e revistas da biblioteca de Felisberto Ranzini, dos primeiros tempos de sua atuação no escritório de Ramos de Azevedo. (AA)

Felisberto Ranzini, pintor, aquarelista e decorador, a cuja gentileza devemos muitas das notícias de que nos valemos no decorrer deste estudo, foi o último [italiano] a aparecer no estúdio de Ramos de Azevedo e foi também o último a sair do grupo.

Nasceu em San Benedetto Pó em 1881; veio para São Paulo muito jovem e estudou com Domiziano Rossi, a quem substituiu mais tarde como professor de desenho arquitetônico no Liceu de Artes e Ofícios e como professor de composição decorativa e modelagem na Escola Politécnica de São Paulo (15 a 19).

Além de ter desenhado pessoalmente muitos elementos decorativos para as obras de Ramos de Azevedo, Ranzini projetou em estilo florentino ou seguindo a nova corrente "Art Nouveau": dois palacetes na Avenida Angélica (um na esquina da Avenida Higienópolis e outro na esquina com a Praça Buenos Aires); o "Clube Comercial"; o prédio Condessa Penteado (Rua Boa Vista, 15); as fachadas do Mercado Municipal, cujas plantas foram elaboradas na Alemanha; a casa em que ele morava (Rua Santa Luzia, 31) e ainda algum outro edifício de menor importância. Além disso, tratou da execução do Palácio da Justiça.

Em 1945 publicou juntamente com Edgard Cerqueira César uma interessante série de aquarelas, reevocando, com um desenho seguro e uma vivaz técnica impressionista, breves cenas de caráter, de ruas, praças e recantos do Rio de Janeiro, atualmente desaparecidos, roupas e costumes esquecidos (Terras e águas de Guanabara. Aquarelas de Felisberto Ranzini. Texto de Afrâ-

(13) Pela ordem, Alfredo Borioni, Felisberto Ranzini, Domiziano Rossi e Arturo Castagnoli: uma amostra da majoritária presença italiana entre os profissionais do escritório de Ramos de Azevedo.

(14) Neste registro, de 1907, Ranzini (o primeiro, da esquerda para direita) identifica, na margem superior da foto, Domiziano Rossi (o penúltimo) como *"il terribile"* devido ao temperamento difícil de seu chefe. (ADB)

(15 a 19) Composições decorativas de Felisberto Ranzini (1946/47). (AA)

nio Peixoto, São Paulo, Ind. Graf. Lanzara, 1945).
(Salmoni; Debenedetti, 1981, p.93)

Felisberto Ranzini lecionou na Escola Politécnica de 1921 a 1951, quando se aposentou **(20 e 21)**. Também publicou em 1927 o álbum com 40 pranchas, *Estylo colonial brasileiro: composições architectonicas de motivos originaes* **(22)**, trabalho pioneiro nessa matéria e que forneceu repertório para os seguidores da corrente "neocolonial" (provável demanda do mentor dessa corrente, o arquiteto português Ricardo Severo, com quem Ranzini trabalhou no escritório de Ramos de Azevedo), antecedendo o *Documentário arquitetônico* de José Wasth Rodrigues, iniciado em 1918 (e patrocinado também por Severo), mas editado somente 27 anos depois.[1]

---

1 Na verdade, são dois trabalhos com intenções bem distintas, aprofundadas pelos diferentes contextos históricos por ocasião das respectivas publicações. O de Ranzini parte, como o próprio título sugere, de "motivos originaes" (misturando elementos da arquitetura civil e religiosa, todas as pranchas são identificadas apenas como "detalhes de architectura colonial brasileira") com vistas a "composições architectonicas" bastante livres: basta verificar a última prancha na qual, à maneira de síntese, há um "exemplo de applicações de varios motivos numa fachada em estylo tradicional" (Ranzini, 1927) de forte sabor lusitano – ao gosto de Ricardo Severo – que fala por si **(23)**. De resto, a apresentação do editor não deixa dúvidas quanto à "feição eminentemente prática e efficiente" da obra, "a primeira, no genero, que sahe a lume em terras onde se fala a Lingua Portugueza": o objetivo era proporcionar aos "architectos de nossa Terra e a todos os artistas auxiliares do constructor" de então, "um 'dossier' bem fornecido *(sic)*, de real utilidade para as necessidades continuas de seus projectos [...] uma série de variações sobre o thema colonial [...] com maior ou menor riqueza de desenho e ornato, de forma a prestar sempre seu concurso às innumeras consultas no

(20 e 21) Efetivação de Felisberto Ranzini no cargo de professor da Escola Politécnica pelo interventor federal João Alberto Lins de Barros (1931). (AA)

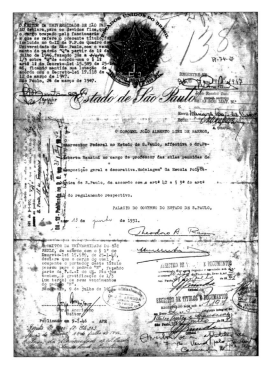

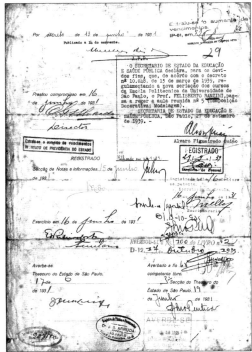

(22) *Estylo colonial brasileiro*, álbum de desenhos de Felisberto Ranzini, publicado em 1927.

(23) "Exemplo de aplicações de vários motivos numa fachada em estilo tradicional", prancha n.40 do livro *Estylo colonial brasileiro*, de Felisberto Ranzini.

Realizou exposição de óleos e aquarelas na Galeria de Arte Itá, em 1945. Foi ainda ativo fotógrafo amador, tendo planejado e instalado um laboratório em sua residência (segundo seu neto, Renzo, ele ainda considerou a possibilidade de construir um maior em terreno da família à Rua Saturno, bairro da Aclimação, o que acabou não se concretizando) **(24)**. Faleceu na capital paulista em 1976, quatro dias após completar 95 anos. Está sepultado no Cemitério da Consolação, Rua 30, terreno 27. Alguns anos depois, pelo Decreto Municipal n.17.826 de 11 de fevereiro de 1982, uma pequenina rua da Vila Gumercindo recebeu o nome do arquiteto.

decurso de um projecto" (Ranzini, 1927, p.6). De outro lado, quando da publicação em 1945, Wasth Rodrigues observa que sua coleção de desenhos "deveria ter aparecido há mais de vinte anos, no momento do surto sentimental pela casa brasileira antiga", de modo que pudesse ter "servido para corrigir num melhor sentido o neocolonial, fornecendo sugestões e detalhes autênticos, no que seria útil", completando com desconsolo: "ou então – o mais provável – teria contribuído para agravar o seu aspecto já viciado – salvo raras exceções – pelo predomínio de uma fantasia de mau gosto e pelos enxertos do 'Mexicano' e do 'Missões'". Frisando o efetivo caráter de "documentário arquitetônico relativo à antiga construção civil no Brasil" do seu trabalho (todos os desenhos, acompanhados de breve descrição e análise, têm identificados os locais de origem) e diferentemente do que se vê no álbum de Ranzini, o autor ainda adverte: "Não se espere encontrar aqui esplendores de ornatos, requintados detalhes barrocos, nem a graça do rococó. Não saíram das igrejas estas manifestações de alto valor artístico no Brasil. [...] Veremos, sim, elementos primários e fundamentais de nossas casas rústicas" (Rodrigues, 1975, p.1). Enfim, um confronto típico entre um rigor de orientação moderna com preocupação documental e a liberdade mais despreocupada da criação eclética.

(24) Foto de autoria de Ranzini (realizada em plena ebulição do movimento constitucionalista). Ao centro, o viaduto Boa Vista sendo finalizado; em destaque, o Palácio do Café também em conclusão e que sediaria em seguida a antiga Bolsa de Mercadorias de São Paulo. A julgar pelo ângulo, foi tirada de alguma janela no seu local de trabalho, à Rua Boa Vista (Edifício Casa Ramos de Azevedo, atual número 136). (ADB)

CAPÍTULO 3

O ARQUITETO PRÁTICO

(25) Livraria Saraiva (Praça João Mendes, 137). Pinhole, 10 x 12 cm, positivo digital. (Roger Sassaki / abr. 2013)

No acervo documental de Felisberto Ranzini sob os cuidados do pesquisador Dario Bueno, encontramos este precioso testemunho:

> Certifico que o Snr. Felisberto Ranzini trabalha em meu Escriptorio technico ha cerca de 21 annos prestando uma collaboração intelligente e zeloza na secção de desenho e composição architectonicos, de que hoje é chefe.
>
> Revela o mesmo excellente cultura artistica que, sem favor, da-lhe o direito ao titulo de architecto.
>
> Na Escola Polytechnica e no Lyceu de Artes e Officios, Institutos de que sou Director, exerce o Snr. Ranzini, com muita competencia o cargo de Professor de desenho e composição.
>
> S. Paulo, 23 de Novembro 1925
> (assig.) F. P. Ramos de Azevedo

Tal documento (**26 e 27**) é uma evidência material da afirmação de Pareto Júnior (2011, p.212), quando diz que Felisberto Ranzini "representa um ponto chave na relação entre consagrados engenheiros-arquitetos e práticos licenciados. Não era arquiteto diplomado, mas conseguiu reconhecimento e títulos que a maioria dos práticos jamais alcançara". De fato, Felisberto recebeu essa "unção" profissional de ninguém menos que

51

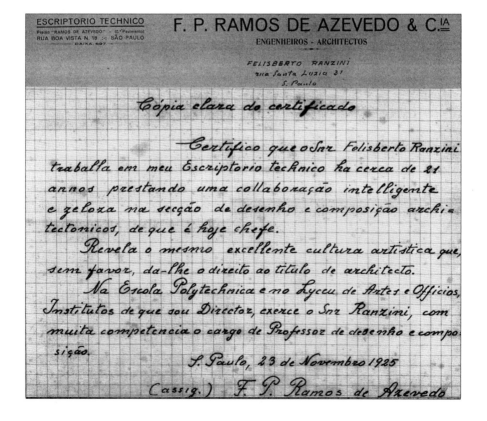

Cópia clara do certificado

Certifico que o Snr Felisberto Ranzini trabalha em meu Escriptorio technico ha cerca de 21 annos prestando uma collaboração intelligente e zelosa na secção de desenho e composição architectonicos, de que é hoje chefe.

Revela o mesmo excellente cultura artistica que, sem favor, da-lhe o direito ao titulo de architecto.

Na Escola Polytechnica e no Lyceu de Artes e Officios, Institutos de que sou Director, exerce o Snr Ranzini, com muita competencia o cargo de Professor de desenho e composição.

S. Paulo, 23 de Novembro 1925

(assig.) F. P. Ramos de Azevedo

(26 e 27) Certificado original, assinado por Ramos de Azevedo em 23 de novembro de 1925 (e respectiva "cópia clara"), atestando a competência profissional de Felisberto Ranzini e seu direito ao título de arquiteto. (ADB)

o respeitado e influente dono do maior escritório de arquitetura da cidade (28), num momento decisivo na longa disputa pela regulamentação da atividade, sob a pressão dos órgãos de classe, exatamente quando a balança começou a pender em favor dos engenheiros-arquitetos egressos do ensino superior; que teve início em dezembro de 1924 com a promulgação de Lei Estadual conhecida como "Alexandre Albuquerque" – a primeira do Brasil voltada ao efetivo controle do exercício da profissão – e culminaria no Decreto Federal de 1933, que passou a regular em definitivo a questão.

Sem prejuízo da mestria inquestionável de Felisberto, o fato é que, no tempo em que atuou, ele objetivamente foi "premiado" pelas circunstâncias; ou, nas palavras de Pareto Júnior (2011, p.214), "o talento e a competência de Ranzini não bastariam para o seu devido reconhecimento como importante arquiteto se não fosse introduzido no escritório de Ramos de Azevedo e posteriormente substituído Rossi na Escola Politécnica". Isso não desmerece seu legado, assim como tão pouco o anonimato desqualifica a obra de tantos outros profissionais, com ou sem formação acadêmica, nativos ou não, responsáveis maiores pela edificação da São Paulo realmente existente – ex-pobre e nova rica, perturbadoramente multiétnica e cosmopolita, conservadora e inovadora, burguesa e proletária, polimorfa, complexa e contraditória – de fins do século XIX a meados do XX; solo fértil para as manifestações saudosistas, libertárias ou delirantes do ecletismo.

(28) O "patriarca" Ramos de Azevedo, no centro do grupo, tem à esquerda seu genro Arnaldo Dumont Villares e, à direita, Ricardo Severo; ao lado deste, está Felisberto Ranzini. O segundo e o terceiro sucederam Ramos de Azevedo na liderança do escritório: Severo, da morte do fundador até a sua própria (1928-1940) e Villares – sobrinho de Ricardo – do mesmo modo (1940-1965). (ADB)

Essas manifestações, é inevitável constatar, não raro descambaram para o desequilíbrio e a disfunção, o exagero ou o franco mau gosto, em evidentes prejuízos do conjunto, fato reconhecido e denunciado à própria época por sensibilidades tão díspares como as de Monteiro Lobato – "a cidade inteira é um carnaval architectonico a berrar desconchavos em esperanto" (1920, p.59) – e Mário de Andrade, passando por Menotti del Picchia, que escreve sobre o tema no *Correio Paulistano* de 26 de março de 1930: "São Paulo é o bazar da arquitetura do mundo. Até telhados corta-neve há nas suas habitações. Colonial, florentino, árabe, Luís XV, todos os mais arrepiantes arranjos de barroco, todas as loucuras da decadência" (Castro, 2005, p.87). Numa crônica publicada no *Diário Nacional* em 23 de abril de 1927 sob o título "O grande arquiteto", Mário faz troça com o *modus operandi* eclético em geral... no que acaba "sobrando", em particular, logo para o "estilo florentino" (sobre o qual falaremos adiante):

> Quando meus olhos fatigados de tanta feiúra arquitetônica se apoiaram na boniteza humilde da poeira, percebi pela duplicidade da minha sombra que tinha alguém junto. Voltei-me. Um velho "chic" se ria para mim. [...]
> – Sou eu o grande arquiteto.
> – Ahn.
> – Esta gostando da casa?
> – Ahn.
> – É puro florentino. Quer ver a construção? É perfeitíssima.

Entramos pelo portão ainda de tábuas.

– Aqui – ele falava – mandei fazer uma reprodução exata dum portão de ferro que vi em Toledo. Não é florentino, porém o árabe se acomoda muito bem com o estilo, não acha?

– É... com o estilo dessa casa não tem dúvida que o árabe se acomoda. Não ficava interessante um portão japonês?... [e por aí vai...]. (Andrade, 1976, p.69)[1]

---

1 Com seu olhar francês, Claude Lévi-Strauss, que lecionou na Universidade de São Paulo entre 1935 e 1939, também faria anos mais tarde uma descrição implacável de aspectos da cidade – que, como qualquer outra da América, ele considerava "selvagem" antes que feia – onde viveu nesse período:

> [...] os imóveis do centro eram pomposos e fora de moda; a indigência pretensiosa de sua ornamentação era ainda agravada pela pobreza das fundações: as estátuas e guirlandas não eram de pedra, mas de estuque lambuzado de amarelo para fingir pátina. De uma maneira geral, a cidade mostrava esses tons graves e arbitrários que caracterizam as más construções, cujo arquiteto se viu obrigado a recorrer à caiação tanto para proteger como para dissimular o substrato. [...] disso resulta um sentimento de irrealidade, como se tudo isso não fosse uma cidade, mas um simulacro de construções apressadamente edificadas para as necessidades de uma "tomada" cinematográfica ou duma representação teatral. (Lévi-Strauss, 1957, p.98)

Na apreciação do Vale do Anhangabaú, ele não deixa por menos:

> [...] na vertical dos dois taludes se elevam os principais edifícios: o Teatro Municipal, o Hotel Esplanada, o Automóvel Clube, os escritórios da companhia canadense [a Light] que fornece a luz e os transportes. Suas massas heteróclitas se afrontam numa desordem imóvel. Esses edifícios em batalha evocam grandes rebanhos de mamíferos reunidos à tarde em torno de um ponto de água [...] condenados [...] a misturar temporariamente suas espécies antagônicas. (Lévi-Strauss, 1957, p.100)

Juízos de valor à parte (e, como veremos, eles continuaram sendo emitidos – indevidamente – muito depois, quando da definição e aplicação de critérios de preservação patrimonial), o fato é que o ecletismo constituiu um fenômeno urbano-arquitetônico marcadamente paulistano, mas também paulista e, com variações e instigantes singularidades, brasileiro. Expressões locais, menos ou mais tardias, de um movimento universal, do qual o ítalo-paulistano Ranzini foi um intérprete autorizado.

Felisberto Ranzini obteve a licença de arquiteto (n.539) pela Diretoria de Obras e Viação da Prefeitura e pelo Conselho Regional de Engenharia e Arquitetura (CREA) da 6ª Região, atestando sua condição de prático licenciado, em 29 de dezembro de 1934, após exatos trinta anos de vida profissional no escritório de Ramos de Azevedo.

Em contrapartida, é curioso como justamente Gregori Warchavchik, o pioneiro absoluto da arquitetura moderna no país, em quase completa solidão nesse início de sua cruzada, sai em defesa dos pares – em sua maioria, hostis às suas propostas – numa entrevista concedida em 17 de setembro de 1926, ponderando um elemento decisivo (e que não perdeu a atualidade) no exercício profissional – a clientela e seus gostos duvidosos:

> Tenho confiança nos paulistas porque nessa cidade de há muito existem arquitetos nacionais de primeira ordem com excelentes realizações. Não podemos ajuizar levianamente algum excesso de ornamentação que porventura lhe sobrecarregam os projetos, porque só quem pertence ao ofício e esteve em contato com o cliente pode conceber a quanta extravagância somos compelidos muito contra nossa vontade. (Warchavchik, 2006, p.51)

CAPÍTULO 4

A OBRA EDIFICADA

(29) Palácio das Indústrias.
Ambrótipo, placa de vidro
12 x 16 cm.
(Roger Sassaki / jun. 2014)

A partir de 1920, Felisberto Ranzini respondeu por grandes projetos do escritório de Ramos de Azevedo, tais como o edifício dos Correios e Telégrafos e o do Palácio da Justiça, iniciados por Domiziano Rossi. Ao primeiro são atribuídos o Clube Comercial (demolido) de 1929, que ficava no Vale do Anhangabaú, e o Mercado Municipal, de 1933 **(30 a 37)**. Deste último, recentemente reformado, Carlos Lemos (1993, p.96) nos diz:

> Obra importantíssima para a cidade foi o novo mercado. São Paulo nunca fora bem servido de edifícios para aquele fim. Quase tudo improvisado, sem a higiene necessária e aquém das necessidades. Cerca de 1923 a ideia do mercado definitivo tomou corpo e, em 1924/25, Ranzini enfrentou o problema. Não sabemos bem, e isso nem nos interessa neste momento, como foram as *démarches* levadas a cabo para concretizar a ideia. Sabemos que a estrutura de uma planta modulada veio da Alemanha ou, pelo menos, o seu projeto. Coube a Ranzini "vestir" o edifício, lhe dando a "dignidade" arquitetônica que o Ecletismo tardio estava a exigir. Houve-se bem o projetista, pois o prédio é de uma nobreza exemplar. Foi inaugurado em 1933 e até hoje continua sendo um marco referencial do Patrimônio Ambiental Urbano.

(30 a 33) Clube Comercial (1929), entre a Rua Líbero Badaró e o Vale do Anhangabaú (demolido). Projeto atribuído a Felisberto Ranzini. (ADB)

61

(34 a 37) Mercado Municipal
(1933). Projeto atribuído a
Felisberto Ranzini. (ADB)

(38) Residência Coronel Andrade Coutinho (1931).
Rua Artur Prado, 71 – Bela Vista (demolida).
Projeto atribuído a Felisberto Ranzini. (ADB)

Projectos por mim estudados
1 — Andrade Coutinho
2 — Paulista de Estradas de Ferro
3 — C. Alvares Penteado
4 — Santa Casa
5 — Palacio de Justiça
6 — Palacio do Congresso
7 — Universidade de Minas
8 — Palacete Barros (Florentino
9 — Palacio do Governo S. Paulo
— Mercado Municipal
— Sanatorio Campos do Jordão
— Club Comercial
e interiores

(39) Relação feita por Ranzini, listando projetos por ele "estudados". (ADB)

(40) Palácio da Justiça. Projeto inicial de Domiziano Rossi, desenvolvido por Ranzini ao longo de seus treze anos de execução, entre 1920 e 1933. (ADB)

Além do que foi sumariamente listado por Salmoni e Debenedetti, seria também de Ranzini a desaparecida casa do coronel Andrade Coutinho, erguida em 1931 na Bela Vista **(38)**. Se considerarmos somente os poucos edifícios sobreviventes em São Paulo, em que pesem as dificuldades de atribuição de autoria admitidas por Sylvia Ficher – sobretudo pela praxe instaurada por Ramos de Azevedo: nenhum desenho era assinado, todos os projetos pertenciam ao *Escritório*[1] –, os

---

1 Chama a atenção como Ranzini introjetou completamente essa regra estabelecida por seu empregador: num rascunho informal de próprio punho, sem data, lista "projectos" por ele "estudados" – em que vagamente se vincula a esses trabalhos sem especificar de forma mais precisa seu efetivo envolvimento **(39)**. Inclui dos citados Clube Comercial (e seus "interiores"), Mercado Municipal e casa Andrade Coutinho até o Palácio da Justiça, normalmente atribuído a Domiziano Rossi – mas que Salmoni e Debenedetti já haviam identificado como uma longa e complexa empreitada a "quatro mãos" (1981, p.86). Lemos (1993, p.94) acrescentaria que, em seus em treze anos de execução, "certamente Ranzini deve ter tido muito trabalho com mudanças de desenhos resultantes de alterações de programa, pois, nesse tempo todo, sucessivos presidentes do Tribunal passaram a acompanhar os trabalhos de execução" **(40)**. Entre todos os projetos relacionados, destaca-se a única menção ao estilo da obra: *"Palacete Barros (florentino)"*, do qual falaremos adiante.

Debruçada sobre os projetos desse escritório e as diferentes abreviaturas dos profissionais envolvidos em sua produção lançadas nos carimbos da empresa, Beatriz P. S. Bueno (2015, p.207), de sua parte, conclui que isso coloca em xeque a figura dos "demiurgos" da arquitetura – como Ramos ainda hoje é muitas vezes tratado – "desconsiderando-se as cadeias produtivas, as assinaturas múltiplas que faziam dessas edificações verdadeiras obras coletivas [e] impõe outro tipo de abordagem que privilegia mais os escritórios e menos seus protagonistas". De nossa parte, ao lado da necessária desconstrução de mitos como o de Ramos de Azevedo e para além da constatação do inegável trabalho coletivo vigente em seu escritório, consideramos válida a tentativa, sempre que possível, de identificação do

(41 a 43) Pavilhões da Santa Casa: projeto do Ambulatório Conde de Lara e o antigo Instituto Radium (antes e depois do acréscimo de um pavimento). Atribuídos a Felisberto Ranzini. (ADB)

(44) Página anterior:
Residência de Ernesto Dias
de Castro – Casa das Rosas
(1935). Av. Paulista, 37.
Projeto atribuído a Felisberto
Ranzini. (ADB)

(45) Residência Felisberto
Ranzini. Rua Santa Luzia, 31.

levantamentos dessa pesquisadora indicam que Felisberto Ranzini trabalhou ainda nos projetos neogóticos do antigo Instituto Radium (1928) e do Ambulatório Conde de Lara (1930), ambos integrantes do complexo da Santa Casa de Misericórdia (Ficher, 2005, p.201). Ladeando o velho bloco central, erguido mais de quarenta anos antes, os dois edifícios formariam um harmonioso conjunto – a julgar da foto do primeiro quando concluído e do desenho da fachada do segundo – se mantidos tal como foram idealizados. O projeto do último, contudo, foi reformulado, ganhando mais um andar. No outro foi acrescido meio canhestramente mais um pavimento, rompendo o equilíbrio da construção original **(41 a 43)**. Melhor sorte teve a Casa das Rosas na Avenida Paulista, hoje inteiramente restaurada e sediando o Espaço Haroldo de Campos de Poesia e Literatura. No seu processo de tombamento junto à Secretaria de Estado da Cultura, a historiadora Sheila Schvarzman, apoiada nas informações contidas nas plantas fornecidas pelo Escritório Severo & Villares – sucessor da empresa de Ramos de Azevedo –, conferiu a obra a Ranzini, um projeto no estilo "renascença francesa" executado em 1935 para residência de Ernesto Dias de Castro (genro de Ramos), dono da importadora que fornecia material para as obras sob a responsabilidade do sogro **(44)**.

mais justo papel e da contribuição individual de cada um desses profissionais na criação de todo esse admirável patrimônio arquitetônico da cidade.

Toda a obra mais significativa atribuída a Felisberto Ranzini, ainda existente em São Paulo, está sob a proteção legal do Conpresp e do Condephaat, incluindo sua residência à Rua Santa Luzia, no bairro da Liberdade (45). Nessa mesma rua, restam ainda dois imóveis de autoria do arquiteto, antigas propriedades suas construídas para aluguel (46 a 49). Segundo Renzo Ranzini, havia outras, mas foram demolidas. O túmulo da família também se encontra entre os bens tombados do Cemitério da Consolação. Ainda de acordo com seu neto, essa sepultura foi igualmente projetada pelo avô; o medalhão de bronze em destaque, com uma madona de perfil, foi elaborado tendo por modelo a mãe de Renzo, Honorina (50 e 51).

O legado do arquiteto integra uma produção material gigantesca e riquíssima que, a partir da criação do Serviço do Patrimônio Histórico e Artístico Nacional (SPHAN) em 1937, a "tradição modernista" capitaneada por Lúcio Costa – para quem, conforme ainda sustentava na altura de seus setenta anos, o ecletismo não fora um *período* da história da arte, mas um *hiato* (Czajkowski, 2000, p.23) – e cristalizada nessa instituição conseguiu por décadas expurgar do que seria a "autêntica", a "legítima" arquitetura brasileira, passada e contemporânea. Tradição essa que impôs uma espécie de conciliação entre o arcaico e o moderno (sina histórica brasileira), zelando pelo "antigo" (colonial), promovendo o "novo" (leia-se, a "escola carioca") e até inventando uma linha evolutiva entre ambos, na qual o ecletismo

(46 a 49) Casas de aluguel. Rua Santa Luzia, números 23 e 51/53. Projetos de Felisberto Ranzini.

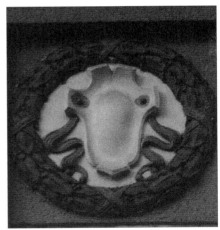

seria um "corpo estranho" (como se tudo não fosse, no final das contas, desenvolvimentos ou recriações locais, menos ou mais felizes, a partir de matrizes europeias, do barroco português... a Le Corbusier).[2] Tradição que, dessa maneira, passou ao largo do cenário eclético, *art déco* e protomoderno predominante até hoje nas áreas

---

2 Pondo à parte suas especificidades, esse "discurso modernista" brasileiro, por tanto tempo hegemônico no país, certamente não representa um fenômeno isolado no panorama mundial. No recentemente publicado *Guia ilustrado de Arquitetura* (2012), tradução do original inglês *Eyewitness Companions: Architecture* (2006) de Jonathan Glancey, o autor observa que:

> A partir de 1920 houve uma tentativa de reescrever a história da arquitetura do século XX como se tivesse ocorrido uma transição suave do Movimento Artes e Ofícios para a Bauhaus e, finalmente, para um Modernismo livre, abrangente e funcional. [...] isso não passou de prepotência intelectual, além de um erro grosseiro. A história da arquitetura sempre foi rica, complexa e muitas vezes contraditória [...] mundo afora, muitos arquitetos não só continuaram a explorar as tradições locais e históricas, mas também aprenderam a reinventá-la entusiástica e impetuosamente. (Glancey, 2012, p.451)

De volta ao país, em *Arquiteturas do Brasil: 1900-1990* (que a julgar só do título, poderia sugerir uma abordagem mais "plural" do tema) Hugo Segawa censura, no pioneiro trabalho de grande fôlego sobre a produção arquitetônica brasileira no século XX – *Arquitetura contemporânea no Brasil*, de Yves Bruand, concluído em 1971 –, a assimilação de "todos os preconceitos modernistas contra a arquitetura do ecletismo" (Segawa, 1999, p.15). O fato concreto, contudo, é que o pesquisador francês desenvolve um alentado e cuidadoso capítulo para o que ele denomina "Os estilos históricos" (do neoclássico ao neocolonial, passando pelo *art nouveau*), nem tão preconceituoso assim, inclusive com várias menções elogiosas a obras pontuais, enquanto Segawa, para além de suas considerações introdutórias na parte intitulada "Do anticolonial ao neocolonial", não dedica uma linha sequer à produção eclética, demonstrando a pertinência que essa questão ainda apresenta por aqui.

(50 e 51) Túmulo da família Ranzini. Cemitério da Consolação.

centrais de nossas grandes e médias cidades, não obstante toda a destruição levada a efeito. Tradição com uma visão do nosso universo urbano-arquitetônico que, fundada em pretensos critérios técnicos e objetivos, se mostrou tantas vezes purista e artificial, a um só tempo dogmática e arbitrária, estética antes que histórica e social, com um claro viés ideológico – de fundo elitista e autoritário[3] – hoje reconhecido (compreensível e, não menos, discutível, no contexto de um campo cultural em formação praticamente a partir do zero, campo esse que abarcava da definição de um acervo a critérios de restauro e preservação, da constituição de um novo pensamento arquitetônico... a um ideal de nação). Tradição, em suma, responsável por uma longa e respeitável trajetória de defesa e manutenção do patrimônio, com acertos a louvar e inevitáveis equívocos a rever.

---

3   Nunca é demais lembrar que, à semelhança do que se deu em relação ao SPHAN, a consolidação inicial da dita nova arquitetura "nacional" (mas radicada no Rio e, mais objetivamente, na obra singular de Oscar Niemeyer), dentro e fora do Brasil, foi gestada na vigência e em interação estratégica com a ditadura do Estado Novo, seu patrocinador, entre fins dos anos 1930 e a primeira metade dos 1940, período em que, na prática, convergem e se compõem os projetos reformistas artístico-cultural de linhagem modernista, de um lado, e político e socioeconômico getulista, de outro, ambos em nome da modernização do país, sob o manto nacionalista de uma simplificadora "identidade" brasileira; processo esse a partir do qual, com Lúcio Costa à frente, iria aos poucos se urdir uma "narrativa" histórica oficial, sedutora e redutora, tendente a apagar concorrências e conflitos, a desprezar outras orientações arquitetônicas igualmente modernas e nacionais, a ignorar o particular, o "impuro", o "estrangeiro", o inclassificável... tudo o que, em suma, contribuiu para constituir o Brasil real: culturalmente (mas não só), para o bem e para o mal, uma fascinante e desconcertante "nação eclética"...

Sem querer aplicar anacronicamente uma régua atual às eventuais desmedidas do passado ou, reduzindo a questão a esferas de competência, reclamar ações federais que, em tese, deveriam ser incumbência de estados e municípios, o fato é que essa visão patrimonial pautou toda uma metodologia ainda não completamente superada que, à parte seus inegáveis méritos, acabou nos custando caro: se, de um lado, gerou acúmulo de conhecimento e lançou as bases para a salvaguarda definitiva de uma memória arquitetônica sob permanente ameaça (não raro ao preço, vale recordar, da descaracterização e do falseamento resultantes de intervenções em bens isolados ou mesmo em núcleos urbanos inteiros e seus respectivos entornos, fundadas numa apreciação "cenográfica" dos sítios), de outro permitiu – quando não, incentivou – perdas irreparáveis de um valioso patrimônio eclético edificado. Elo incontornável entre a arquitetura anterior à República e a alta modernidade. Alheio aos rigores da tradição, aberto às possibilidades, atento às novas necessidades e tecnologias, o ecletismo foi sinônimo de modernização no seu apogeu, trazendo em seu bojo novas técnicas e materiais de construção, novos equipamentos de uso doméstico, novos critérios de salubridade e higiene, novos padrões de sociabilidade. Por último, mas não menos importante, ele falou – e, de certa maneira, ainda fala – à sensibilidade e ao imaginário do homem comum (que, afinal, representa a maioria do público para quem os especialistas definem o que merece ou não ser protegido) de um modo como a arquitetura moderna quiçá até hoje não tenha conseguido... No caso particular da cidade São Paulo, em que a herança colonial foi praticamente riscada do mapa, substituída pela arquitetura eclética, nossa memória edificada a preservar, goste-se ou não, é essa e quase que somente essa (o que, infelizmente, ainda é menos óbvio do que parece). O fato é que, por aqui, a vertiginosa metamorfose urbana que varreu com esse acervo arquitetônico mais antigo, num curtíssimo espaço de tempo gerou, sobrepôs e substituiu outros tantos acervos: deslindar esse mosaico, delinear critérios (sempre a evoluir) de valoração e conservação do que sobrou desse conjunto heterodoxo e mutante é a tarefa que se impõe não só na capital como, também, no interior paulista. Sem prejuízo do cuidado com o ralo – e, até por isso, mais precioso – legado colonial e imperial, nossa memória edificada essencial a pedir atenção não é feita de igrejas setecentistas ou sobradões oitocentistas, do barroco ou do neoclássico, mas, isto sim, de tudo aquilo que forjou e configurou o século XX: ferrovias e indústrias, vilas operárias e arranha-céus, o moderno... e, claro, o eclético.

Os sobreviventes desse acervo são, enfim, expressões significativas e características de uma época (se de "hiato", de "crise criativa" ou não, isto não altera a importância dos documentos – únicos – que a exprimem), exemplares insubstituíveis que, felizmente, pesquisas multidisciplinares mais recentes, sem juízos fáceis de valor ou de gosto, igualmente voltadas ao excepcional e ao típico, têm conseguido rever e revalorizar, estimulando a preservação do que ainda resta de mais relevante.

Nesses termos, a obra de Ranzini é, sem favor, representativa do melhor da arquitetura eclética produzida nas primeiras décadas do século XX em São Paulo, merecendo ser conhecida e conservada.

CAPÍTULO 5

ECLETISMO À ITALIANA: O "ESTILO FLORENTINO"

(52) Antiga sede do Banco Francês e Italiano (Rua 15 de Novembro, 213). Ambrótipo, placa de vidro 12 x 16 cm. (Roger Sassaki / jun. 2014)

Em meio à exuberante arquitetura eclética que floresceu em São Paulo nas primeiras décadas do século passado e, sem dúvida, vinculado ao fato de que, naquela altura, a cidade constituía uma das maiores aglomerações mundiais de italianos fora da Itália, manifestou-se com força, notadamente entre os anos 1920 e 1930, o estilo genericamente conhecido por aqui como "florentino" – em versões temperadas, naturalmente, com as liberdades compositivas então reinantes. Nos marcos do ecletismo brasileiro, trata-se de um termo de acepção ampla, que recobre um diversificado acervo devedor, em maior ou menor grau, da tradição secular da arquitetura toscana, da Idade Média ao Renascimento:[1] nessa medida, talvez fosse mais acertado falar em "neoflorentino".

---

1   Uma abordagem diferente da que se pode apurar em vários estudos italianos sobre o ecletismo que, preferencialmente, distinguem obras "neomedievais" ou "neogóticas" daquelas "neorrenascentistas", para além de eventuais escolas regionais ou locais.

(53) Pallazo delle Assicurazioni Generali (Florença, 1871).

Plasmando uma expressão original do denominado "gótico" italiano ao longo do *Duecento* e do *Trecento*, a criação arquitetônica civil característica de Florença e região teve seu apogeu e difusão para além de seus limites geográficos na produção renascentista do *Quattrocento*. Quatro séculos depois, como fruto tardio no cenário dos "revivalismos" europeus, todo esse repositório estilístico acumulado foi sendo gradualmente recolocado em voga na Itália recém-unificada, ainda em fase de "afirmação nacional", culminando na passagem dos séculos XIX e XX, já sob a vigência e influxo do alto ecletismo e convivendo com tendências dissidentes como o *art nouveau* (ou *stile liberty* ou, ainda, *floreale*, nomes pelos quais esse movimento ficou conhecido na Itália). Isto desaguou, por fim, numa verdadeira *minestra* estética na qual a tradição toscano-florentina acabou por constituir somente "mais uma" das fontes de referência. Nessa linguagem recriada, exemplares nas mais variadas composições e mais diferentes tipologias, de residências a edifícios comerciais, podem ser encontrados em toda a península. Cronologicamente, encontramos desde edificações mais antigas – como a Cassa di Risparmio delle Provincie Lombarde, projeto de Giuseppe Balzaretti erguido entre 1868 e 1872 em Milão, ou o Pallazo delle Assicurazioni Generali concluído em 1871 em Florença **(53)**, ambas emulando, com rigor, os sóbrios palácios florentinos do século XV (fora da Itália, localizamos outro significativo exemplar em Viena) **(54)** –, passando por construções faustosas do início do século passado, em geral acasteladas e com sobrecarga decorativa, que exploram livremente um repertório de caráter mais "tardo-medieval" (não raro tangenciando soluções de sabor *art nouveau*) **(55 a 58)**, até chegar a versões despojadas de ornamentos, depuradas nos limites do geométrico, afins do neoclassicismo simplificado ou "racionalista" vigente naquele país entre os anos 1930 e 1940, sob o controle e estímulo do regime fascista **(59 a 62)**.

Entre todas e precursora das construções da segunda tipologia, sobressai o feérico Castello Mackenzie – erguido em Gênova, entre 1893 e 1905 – projeto encomendado (e sucessivamente reformulado, segundo os caprichos do proprietário) pelo escocês Evan Mackenzie ao arquiteto florentino Gino Coppedè: verdadeiro catálogo de estilemas abarcando do medievo toscano – na torre, por exemplo, seu elemento mais marcante, a referência às estruturas homólogas dos palácios públicos de Florença e Siena, finalizadas na primeira metade do século XIV, é evidente – à Renascença, com pitadas bizantinas e *Sezession* **(63 a 71)**. Marco inicial de uma série de obras afins de Coppedè, incluindo sua residência em Roma, foi fonte de inspiração de uma infinidade de projetos no próprio país e, do outro lado do Atlântico, no trabalho de Domiziano Rossi – mais especificamente, no projeto precursor do Palácio das Indústrias, desenvolvido em 1910 – com prováveis repercussões no de Ranzini (além de sua obra edificada, uma evidência mais patente disto, ainda que bem posterior, pode ser encontrada na bela aquarela por ele

(54) Edifício de inspiração *quattrocentesca* (Viena).

(55 a 57) Villa Vespasiana – projeto de Enrico Dante Fantappiè (Calenzano / Toscana). Asti (Piemonte). Buonconvento (Toscana).

(58) Página seguinte: Buonconvento (Toscana).

88

(59 e 60) Dois exemplares de Ravena (Emília-Romanha).

(61 e 62) Mais dois exemplares, em Cerea e Nogara (Vêneto).

(63 a 68) Castello Mackenzie. Projeto de Gino Coppedè (Gênova, 1905).

(69 a 71) Castello Mackenzie.
Projeto de Gino Coppedè
(Gênova, 1905).

realizada em 1929, com uma espécie de discreta versão apalacetada sintetizando aspectos das criações de Coppedè e Rossi) **(72)**. Descrevendo exatamente esse momento, Salmoni e Debenedetti (1981, p.86) recordam que em princípios dos anos 1910, informados por publicações europeias de arte aplicada, como a revista *Artista Moderno* de Turim, os paulistanos

> [...] admiravam os caprichosos palacetes em estilo Coppedè que haviam aparecido há pouco no lago de Como, [e que até] um entusiástico admirador de Vignola, como Domiziano Rossi, aderiu à nova moda em algumas construções, tais como o Palácio das Indústrias, antiga sede da Assembleia Legislativa, uma espécie de "Castello Sforzesco" com algum acento mourisco.

Nessa perspectiva vale ainda lembrar, na esteira do irmão mais velho e famoso, o também arquiteto Adolfo Coppedè que, movimentando-se no mesmo universo estético e entre outras obras ecléticas, legou-nos o majestoso Castello Cova, edificação igualmente medievalizante – porém mais austera, em comparação com o Mackenzie – erguida entre 1910 e 1915 no centro de Milão **(73)**.

No Brasil, em especial em São Paulo, o estilo era particularmente apreciado por setores mais abastados da colônia italiana de então – saudosos da pátria e sempre dispostos a homenageá-la: na Avenida Paulista, passarela do ecletismo historicista vinculado às "nostalgias" e/ou "fantasias" dos imigrantes endinheirados daqueles

(72) Aquarela de Felisberto Ranzini (1929). Projeto de palacete repleto de "*bifore, trifore e quadrifore*" e coroado por uma típica *torre merlata*. (Arquivo Renzo Ranzini)

(73) Castello Cova ou Palazzo Viviani Cova. Projeto de Adolfo Coppedè (Milão, 1915).

tempos, tínhamos nessa linguagem arquitetônica a bela propriedade de João Baptista Scuracchio (Toledo, 1987, p.47), da qual voltaremos a falar adiante. Expressão típica da arquitetura paulistana da época, segundo Benedito Lima de Toledo (1987, p.43), muitas edificações como esta "eram apenas justaposição de elementos formais à procura de uma imagem evocativa da origem do proprietário", não impedindo que, por vezes, "essas obras surpreendessem pela desenvoltura com que eram articulados todos componentes e pelo zelo, pela boa execução, atingindo-se resultado de certa riqueza plástica". Arriscando uma análise socioeconômica desse contexto e época, que as evidências materiais parecem não desmentir, Salmoni e Debenedetti (1981, p.116) observam que, para os imigrados italianos enriquecidos,

[...] a saudade pela casa italiana se torna [...] um sonho de contornos imprecisos e mutáveis. Não os pode socorrer, em tão mudadas condições econômicas, uma lembrança precisa de uma casa em que já moraram ou, em todo caso, conhecida; ocorre-lhe ao contrário à mente a grande casa de luxo, que sonharam na juventude, somente, talvez, como miragem inalcançável. [...] Manda vir, pois, materiais e projetos completos de casas, da Itália, ou então recorre aos novos arquitetos, que chegaram trazendo as últimas novidades no campo das construções e da decoração.

Nas palavras de outra autora, "aos mais pobres, pequenos comerciantes e operários, restava

(74) Instituto Cultural Ítalo-Brasileiro Casa di Dante (Rua Frei Caneca, 1071).

apenas tentar reproduzir como podiam alguns elementos decorativos visíveis nas casas das classes dominantes" (Macambira, 1985, p.34). Esse cenário ainda é passível de ser minimamente recomposto com base no que nos restou. Nas proximidades da Paulista, à Rua Frei Caneca, temos um bom exemplo do estilo no conservado Instituto Cultural Ítalo-Brasileiro Casa di Dante (74); mais abaixo, já na Rua da Consolação, temos outra bonita residência preservada (75). Um exemplar digno de nota pode ser encontrado no bairro da Luz, nas vizinhanças do Museu de Arte Sacra (76 e 77). Na Avenida Brasil, resistem uns poucos remanescentes (78). Na região do Paraíso e Vila Mariana, temos alguns "sobreviventes" de interesse: o que se encontra à Rua Domingos de Morais, erguido em 1939 conforme se vê na grimpa, dá uma medida do quanto o estilo perdurou em São Paulo (79 a 81), considerando que os exemplares residenciais mais antigos de que temos notícia são do início da década de 1920.[2] É de se lembrar, tam-

---

2 Em maio de 1938 é lançada a revista mensal *Acrópole* – de arquitetura, urbanismo e decoração – um dos mais duradouros periódicos do gênero no país, publicada até 1971. Absolutamente ecumênica, acolhendo "ecléticos e modernos", sua primeira edição abre com uma homenagem a Ramos de Azevedo e fecha com uma matéria sobre o recém--construído Edifício Esther de Álvaro Vital Brazil, marco incontestável da arquitetura moderna em São Paulo. Nos seus dois números seguintes são apresentadas "residências florentinas" projetadas e assim classificadas – com liberdade – pelo engenheiro-arquiteto Alfredo Ernesto Becker: uma à Rua Honduras (1938a, p.13), em "estylo florentino" numa versão "proto-renascença" (incluindo o mobiliário), toda em arcos ogivais, e outra à Rua Frei Caneca (1938b, p.27), ainda existente, em "estylo renascença florentino",

(75) Rua da Consolação, 1075 (esquina com a Rua Visconde de Ouro Preto).

bém, amostras mais fantasiosas, como a graciosa casinha apalacetada no Ipiranga (**85**). Infelizmente, a maioria das construções mais significativas desapareceu; na Bela Vista, reduto histórico da colônia italiana, ainda é possível localizar, com alguma boa vontade, casas "à moda florentina" em diferentes pontos do bairro, sobretudo à Rua dos Ingleses, dos Franceses e imediações (**86 a 99**).

---

toda em arcos plenos (**82 e 83**). O que fica mais evidente em ambos os casos é o fascinante sincretismo de estilemas iberoamericanos e italianos, bem como da "velha" e da "nova" arquitetura: a depuração ornamental "modernizante" (à semelhança do verificado na Itália no mesmo período) e as licenças do autor em relação à volumetria e ao repertório estilístico que vimos ser utilizados até aqui, realizando interessantes fusões com elementos do contemporâneo neocolonial – a exemplo dos largos beirais com cachorros da segunda ou o curioso "muxarabi" da primeira – e do estilo genericamente conhecido como "missões" (que o arquiteto praticou com afinco, como demonstram diversos exemplos divulgados na mesma revista) de origem californiana, como os grandes arcos de entrada, os painéis azulejados e a serralheria artística. Em suma, produtos típicos da época, nos termos descritos por Sylvia Wolff:

> Entre 1935 e 1940 ocorre uma fase definitivamente marcada por um "surto" das variações em torno dos estilos neocoloniais hispanoamericanos e de suas derivações em linguagens híbridas. Ao mesmo tempo cresce em importância a arquitetura de linguagem geometrizada que, cada vez mais despojada de elementos decorativos, irá se impor afirmativamente a partir da década de 40. (Wolff, 1999, p.4)

Uma nova – e última – referência sobre experimentos "florentinos" em São Paulo vai se dar somente na edição n.23, quando da conclusão do pitoresco Parque Residencial Savoia na Barra Funda (**84**), projeto e construção da Sociedade Arnaldo Maia Lello Ltda. (1940, p.14).

(76 e 77) Esquina das ruas Alfredo Maia e Dr. Rodrigues de Barros (Luz).

(78) Avenida Brasil, 485.

(79 e 80) Ruas Francisco Cruz, 147 e Luis Góis, 1486 (Vila Mariana).

(81) Rua Domingos de Morais, 2267 (Vila Mariana, 1939).

(82 e 83) Projetos de Alfredo Ernesto Becker: Rua Honduras, 1108 e Rua Frei Caneca, 351. (Revista *Acrópole*, junho e julho de 1938)

Fachada principal

Residencia estylo renascença florentino, do Dr. Nicolau Filizola, á Rua Frei Caneca, 351

Alfredo Ernesto Becker
Engenheiro-Architecto

Photo: Leon Liberman

JULHO, 1938

Parque Residencial
á Rua Victorino

Propriedade do
Salvador

Fachada para a Rua Victorino Carmillo

Posterior á R. Victorino Carmillo

(84) Parque Residencial Savoia, Rua Vitorino Carmilo, 453 (Barra Funda). (Revista *Acrópole*, março de 1940)

(85) Rua Agostinho Gomes, 872 (Ipiranga).

(86 a 89) Página anterior: Exemplares existentes na Bela Vista: Rua S. Amaro, 46/47; Rua S. Antonio, 1018; Rua Brigadeiro Luís Antônio, 1300; Rua dos Franceses, 47.

(90 a 93) Exemplares existentes na Bela Vista: Rua dos Ingleses, 118, 160 e 182; Rua Samuel das Neves, 60.

(94) Exemplar existente na Bela Vista: Rua 13 de Maio, 192.

(95 e 96) Exemplares existentes na Bela Vista: Rua Maria José, 186; Rua dos Franceses, 471.

(97 a 99) Exemplares existentes na Bela Vista: Rua Almirante Marques Leão, esquina com Alameda Ribeirão Preto.

Afora versões "híbridas" ou simplificadas – com "citações" e variações do estilo, notadamente os tijolos aparentes, as composições acasteladas e a utilização da *bifora* toscana – espalhadas pela área do centro expandido (e em boa parte dos casos, sem nenhum tipo de proteção legal; só para ilustrar, enquanto este livro estava em produção, um bem preservado exemplar à Rua Brigadeiro Luís Antônio já tinha cedido lugar a mais um estacionamento...) **(100 a 105)**, não há mais nada de uso residencial representativo dessa corrente estilística. De outras tipologias merecem isolado destaque: as Casas de Saúde Francisco e Ermelino Matarazzo, pavilhões do antigo Hospital Umberto I; o edifício comercial restaurado pela livraria Saraiva, à Praça João Mendes **(106)**; a antiga sede do Banco Francês e Italiano para a América do Sul, de Giulio Micheli, à Rua Quinze de Novembro, inspirado diretamente em palácios da renascença florentina **(107 a 108)**. Sobre este edifício, Salmoni e Debenedetti (1981, p.107) afirmam – com acerto, a nosso ver – tratar-se de

[...] cópia não muito fiel do "Palazzo Strozzi". Foi iniciado em 1919; se Micheli não tivesse morrido logo após iniciado os trabalhos, essa construção ter-lhe-ia dado a ilusão de ter transportado na cidade adotiva, à qual se tinha profundamente afeiçoado, o encanto dos antigos palácios florentinos. A escrupulosa observância das partições espaciais e dos elementos decorativos da Renascença toscana, a elegância da construção e dos detalhes suscitam um impulso de surpresa e comoção em

(100 a 103) Outros exemplares:
Rua Brigadeiro Luís Antônio,
2986 (demolido em 2015); Rua
Teodureto Souto, 917 (Cambuci);
Rua Topázio, 281 (Aclimação);
Rua Cuiabá, 89 (Mooca).

(104 e 105) Outros exemplares: Rua Lopes Chaves, 478, esquina com a Rua Mário de Andrade (Barra Funda); Rua Bom Pastor, 1391 (Ipiranga).

(106) Livraria Saraiva (Praça João Mendes, 137).

cada italiano que, passando pela Rua XV de Novembro, vê de repente o edifício diante de seus olhos, mesmo que se trate de um italiano que em seu íntimo censura toda arquitetura maneirista, fruto de cultura e não de pesquisa pessoal. [...] Não tem absolutamente dúvida que entre os muitos edifícios, assim chamados de estilo florentino, que surgiram em São Paulo naqueles anos, o palácio de Micheli e [Giuseppe] Chiappori [seu sócio e sucessor] se sobressai por coerência e requinte.

Por ocasião da entrega desse edifício, quando seus andaimes estavam sendo retirados, Mário de Andrade, numa crônica da série "De São Paulo" – edição n.6 da revista carioca *Illustração Brazileira*, de fevereiro de 1921 – assim o descreve:

> É bem uma inspiração e não uma imitação do estilo florentino, dos princípios da Renascença, ainda saudoso do gótico nas rendilhadas janelas com possantes colunas [...]. É um monumento imponentíssimo, embora, por se cingir demasiado a uma época em excesso de nós longínqua, seja um pouco frio e exagerado. (Lopez, 2004, p.92)

Em seguida, comentando o "aspecto de feira internacional" da cidade, na qual o "o grego, o renascença, de todas as épocas, o gótico, o manuelino, o arranha-céu e o *bungalow* [...] enfim, um sem-número de estilos ostentam as suas linhas curvas, retas, quebradas, retorcidas, numa promiscuidade de gostos e gestos", conclui com

123

(107) Antiga sede do Banco Francês e Italiano (Rua Quinze de Novembro, 213). Projeto de Giulio Micheli.

uma ressalva ponderada e pertintente: "o apecto geral da urbe está sensivelmente prejudicado, embora a grande maioria dos edifícios assinados por um arquiteto, considerados isoladamente, sejam notáveis pela beleza e perfeição" (Lopez, 2004, p.96).[3]

---

3 No fio do mesmo raciocínio, contudo, e a alguma distância das posições mais amadurecidas e lúcidas do final dessa mesma década, Mário de Andrade sustenta que "o que há de mais glorioso para nós é o novo estilo neocolonial [...] com o Sr. Ricardo Severo à frente..."; e completa, num tom bairrista e com certo viés velado de preconceito difuso em relação à influência cultural "dissolvente"do imigrante, sobretudo o italiano (que perpassou, de forma menos ou mais explícita, muito do que se escreveu a esse respeito no período): "[...] embora perturbado pela diversidade das raças que nele avultam [...] o meu estado [ainda] vai dar um estilo arquitetônico ao meu Brasil" (Lopez, 2004, p.97). Com toda a clareza, Carlos Lemos (1994, p.149) toca o nervo dessa questão: "é sintomático que a campanha pela 'arquitetura tradicional' [que é como Ricardo Severo chamava o que acabou sendo conhecido como 'neocolonial'] tenha nascido em São Paulo, cidade que no início do século XX tinha uma população formada por 50% de estrangeiros. Somente os italianos constituiam mais de 40%". Falando para a elite paulistana, atônita diante dos efeitos da "invasão" estrangeira, Severo no fundo sustentava, em defesa da nação e contra o "cosmopolitismo", "que o paulista autêntico devia construir sua casa dentro da tradição brasileira para se contrapor aos imigrantes ricos que construíam palácios na Avenida Paulista de acordo com as exigências de sua nacionalidade, escolhendo estilos próprios de suas terras de origem [...]" (Lemos, 1994, p.151). Em resumo, "a nova São Paulo de tijolos era toda italiana. Nesse cenário classicizante eclético, Severo pontificou chamando a brios a sociedade cafezista, onde era ouvido atentamente" (Lemos, 1993, p.86). Ou, como o próprio Ricardo Severo deixou escapar, "na cidade, que é obra da coletividade, deverá patentear-se a tradição nacional na sua síntese superior, como razão de estado, se esse estado dominar todas as influências da imigração [...]" (1917, p.419). A bandeira nacionalista recobre, enfim, constantes e mal-disfarçados deslizamentos entre o desagrado com a arquitetura eclética e com a "população eclética", ambas resultantes da imigração e que configuraram a cidade das primeiras décadas do século XX.

(108) Palazzo Strozzi (Florença).

(109) Rua Roberto Simonsen, 97 e 101.

(110) Rua Venceslau Brás, 61 e 67.

De construções que ainda permanecem, são lembradas como amostras representativas do estilo, ainda segundo Salmoni e Debenedetti, a antiga sede da Policlínica de São Paulo, à Rua Roberto Simonsen **(109)**, também de Micheli e Chiappori, e, no mesmo quarteirão, o "palacete" à Rua Venceslau Brás **(110)**.

De livre evocação toscano-florentina temos, por fim, a maior construção nesse estilo da cidade, o grandiloquente Palácio das Indústrias, iniciado em 1911 e inaugurado oficialmente em 1924 no Parque D. Pedro II, projeto de Domiziano Rossi – suas obras de ampliação, contudo, arrastaram-se até praticamente 1930, comandadas por Ranzini (Lemos, 1993, p.78): totalmente restaurado para sediar a Prefeitura no governo Luiza Erundina, hoje ele acolhe um museu de ciências **(111 a 116)**. Esse edifício, emblemático no quadro de nossas reflexões, foi objeto de um estudo monográfico publicado pela Prefeitura quando da conclusão do restauro em 1992. Sublinhando a inspiração primeira desse projeto no "ecletismo delirante e fantástico" do Castelo Mackenzie – ao qual Rossi ainda agregou de um "claustro" conventual a "faróis elétricos", associação inusitada de religião e modernidade – o estudo toca num aspecto decisivo para a devida compreensão e fruição da obra:

> Seguindo a diacronicidade estilística da maioria das construções medievais, o nosso Palácio das Indústrias mescla basicamente o aspecto rude das fortalezas toscanas dos Trezentos com detalhes decorativos

(111 e 112) Página anterior e à direita: Palácio das Indústrias (Parque D. Pedro II). Projeto de Domiziano Rossi. (ADB)

palacianos da Primeira Renascença Florentina. [...] *foi enfrentado, portanto, como obra de arquitetura e não, como era comum acontecer no século XIX em pavilhões de exposições, como obra de engenharia.* Seu tratamento é puramente arquitetônico, sem malabarismos ou ineditismos estruturais (a estrutura metálica existente é toda ela disfarçada pela alvenaria). Por outro lado, as convenções do Ecletismo maduro ao atribuir o estilo conforme a destinação do edifício, permitiram o uso de um estilo incomum e a adoção de soluções bastante pitorescas, o que seria inadmissível em edifícios públicos que abrigassem funções de caráter burocrático e oficial. [...] *Daí, a hipertrofia da dimensão simbólica desse tipo de edificação. No caso específico do Palácio das Indústrias, essa dimensão prevalece sobre todos os outros aspectos do edifício, inclusive o aspecto funcional.* [...] Rossi conferiu ao edifício um caráter a um só tempo monumental, celebrativo do progresso econômico atingido então pelo Estado de São Paulo, e rústico, próprio de um palácio de exposições destinado a mostras temporárias de produtos agroindustriais. (São Paulo (município)... 1992, p.46, grifos nossos)

Vale dizer, à maneira de resumo, que o "palácio" acabou por preponderar sobre "as indústrias" que ele tinha como missão exibir. Mas cremos ser possível dizer mais: em nosso entendimento, a "dimensão simbólica" frisada de forma pertinente no texto extrapola a indiscutível manifestação da pujança econômica e poderio político de São Paulo. Não obstante a indelével marca italiana presente em quase tudo o que se

edificou na cidade nessa fase – sobre o que Salmoni e Debenedetti discorreram pioneiramente – não é difícil reconhecer que, antes ou depois, sem mencionarmos a inauguração do Edifício Martinelli em 1929 (que, a rigor, falava antes do imigrante bem-sucedido que de suas raízes culturais), nada de mais inequívoca e genuinamente italiano do porte do Palácio das Indústrias foi erguido na capital paulista no século XX (com conotações simbólicas aproximadas e obviamente fruto de outra circunstância histórica, talvez possa com ele se ombrear a antiga sede do grupo Matarazzo – coincidentemente endereços anterior e atual da Prefeitura). Se num intento consciente ou não, é temerário afirmar, o fato é que o genovês Domiziano Rossi concebeu para o Parque D. Pedro II, em reformas no início da década de 1910, um dos pontos focais do cenário urbano paulistano de então, entre o Centro burguês e o Brás operário, uma espécie de "sala de estar" da cidade, um verdadeiro monumento à cultura e ao orgulho do conjunto da imensa e heterogênea colônia peninsular, num estágio de seu processo de assimilação pela conservadora sociedade local ainda impregnado de tensões e conflitos latentes, aos quais Rossi possivelmente não estaria imune. No campo particular da arquitura, Carlos Lemos (1993, p.70) chama a atenção para uma sugestiva evidência disso, quando lembra que os componentes da Sociedade dos Arquitetos e Engenheiros de São Paulo, fundada em 1911, "eram praticamente todos brasileiros, pertencentes à alta classe média e muitos ali estavam representando os governos municipal e estadual, como Victor Freire, diretor de obras da prefeitura", não havendo entre eles *nenhum* profissional italiano. [4]

4 Nesse cenário, se de uma parte tínhamos um Menotti del Picchia mais conciliador (até pela sua origem; além disso, seu pai era um pequeno empreiteiro de obras) e ambíguo, como se lê no artigo "Arquitetura nacionalista", publicada no diário *A Gazeta,* de 2 de fevereiro de 1920:

> O gótico, o manuelino, o rococó, o bizantino, o *art nouveau,* o romano, tudo, num tumulto estonteante, denunciou a diversidade étnica dos habitantes dessas plagas [...]. Essa miscelânea [...] anda por aí a atestar a origem complexa de nossa nacionalidade. Fundidas num só povo [...] todas essas levas imigratórias resultaram o tipo nacional que é hoje a expressão etnológica do nosso povo. Unificado, pois, o expoente da nossa raça, assimilado ao meio, é natural que dele brote uma arte espontânea e sua. [...] Essa será, naturalmente, a base da nova concepção artística brasileira. (Barreirinhas, 1983, p.71)

De outra, podíamos topar com um Alcântara Machado ácido e sem concessões, como é possível constatar na matéria "Estética suburbana" do *Jornal do Commércio,* de 25 de setembro de 1926. Após desancar sem dó o monumento a Giuseppe Verdi, do escultor Amadeo Zani, oferecido em 1921 à cidade pela colônia italiana (e que também daria expressivo patrocínio ao monumento a Carlos Gomes, discípulo de Verdi, uma obra de Luigi Brizzolara – com alegorias alusivas ao Brasil e à Itália – inaugurada no ano seguinte, centenário da independência, à Praça Ramos de Azevedo) – "que horror mais absurdo: Verdi em São Paulo. O que é que nós temos com Verdi? Por que cargas d'água puseram o italiano ali [defronte ao Correio] em trajes de declamadora grega olhando para a Delegacia Fiscal com uma vontade louca de entrar?" (Machado, 1983, p.170); censurar numa tacada só a catedral da Sé, a Estação Sorocabana, o Palácio da Justiça (estes três em construção), o Palácio das Indústrias, o Teatro Municipal, o prédio dos Correios ("ignóbil: foi feito para fábrica e é assimétrico como um bandido lombrosiano", diz ele) e, por fim, louvar o "incerto" estilo neocolonial, o autor do clássico *Brás, Bexiga e Barra Funda* arremata: "quem poderá destruir a obra infame dos empreiteiros portugueses e italianos senão os

É intrigante como, consultando o processo relativo ao pedido de tombamento desse bem aberto em fins da década de 1970, em resposta a uma solicitação da Assembleia Legislativa, deparamos com uma folha de informação (STCR – 072/77) datada de 13 de abril, contendo um parecer de fonte mais que abalizada, diametralmente oposto ao que inferimos até aqui. Nesse documento, afirma-se categoricamente que

> No que diz respeito aos interesses desse Condephaat, não vemos motivos maiores de tombamento, pois o pavilhão isolado, sem o seu relacionamento com os demais demolidos, não tem significado documental maior como local de exposições. Como exemplar arquitetônico, também não tem valor, pois seu ecletismo é algo tardio, em época em que nossa arquitetura já assumira compromissos maiores como o neocolonial e, inclusive, já estava de vistas voltadas para o *art déco*.

Isto dito por ninguém menos que... o nosso Carlos Lemos (que, como lembramos no capítulo anterior, louvou a "dignidade" e a "nobreza" do Mercado Municipal, na outra margem do

---

arquitetos brasileiros?" (1983, p.173). Críticas contundentes do mesmo "modernista quatrocentrão" que, no prefácio ao mencionado livro de contos (1927), registro sensível do cotidiano e das contradições que permeavam os relacionamentos intra e interraciais da comunidade ítalo-paulistana (e contaminavam, como vimos, o próprio autor), saudaria o triunfo dos "novos mamalucos" – dentre eles, companheiros atuantes em sua trincheira estética: *oriundi* como Anita Malfatti, Victor Brecheret, Francisco Mignone e o citado Menotti.

Tamanduatei), volta e meia aqui referido, então diretor técnico junto ao órgão estadual de defesa do patrimônio histórico no nem tão longínquo assim ano de 1977. Exatos dois anos depois, em outra folha de informação (STCR – 34/79) datada de 11 de abril, ele reafirma seu parecer: "continuamos a pensar do mesmo modo como dissemos no primeiro processo, pois julgamos que tal edifício só tem valor local, merecendo, isso sim, a atenção da Prefeitura, pelo seu Departamento competente". O velho Palácio só receberia a proteção legal do Estado três anos depois, em 7 de maio de 1982. Ainda que desconheçamos o pano de fundo da discussão (a experiência nos ensinou que não existe ato estritamente "técnico" na esfera pública...), é, no mínimo, de causar estranheza o arrazoado ligeiro do professor Lemos: confessamos não saber de outros pavilhões demolidos (que não fossem os montados *provisoriamente* para exposições) com os quais o "pavilhão isolado" (?), representado pelo Palácio, se relacionasse originalmente. Se considerarmos o momento do projeto – 1910 – o ecletismo do Palácio é tudo, menos tardio, posto que executado em sintonia fina com o que se edificava na Itália nesse mesmo período – vide observações de Salmoni e Debenedetti linhas atrás (1981, p.83). É fato que a construção se arrastou por quase quinze anos. Contudo, se levarmos em conta sua efetiva conclusão (1924), além de não atinarmos com o argumento da desvalorização do bem por conta de supostos "compromissos maiores com o neocolonial" – do

(113 a 116) Palácio das Indústrias (Parque D. Pedro II). Projeto de Domiziano Rossi. (ADB)

ponto de vista prático, como o próprio autor do parecer viria frisar (Lemos, 1994), apenas mais um "neo" com estilizações e adereços barrocos, uma variante, de extração lusitana, assim como o florentino estava para Itália, entre tantas outras, igualmente ativas, da arquitetura eclética paulistana por essa época –, um anacronismo salta aos olhos: salvo melhor juízo, parece pouco provável que se estivesse, nos confins da América do Sul, "de vistas voltadas para o *art déco*" um ano antes da exposição internacional de artes decorativas realizada em Paris, responsável maior pela disseminação universal do estilo. De qualquer modo, o episódio ao menos serve para demonstrar que, como já dissemos anteriormente e como prova o próprio tombamento recente da Residência Ranzini pelo mesmo Condephaat, os tempos mudaram e os julgamentos mais severos em relação ao ecletismo felizmente evoluíram.[5]

---

5   Um quarto de século depois, num trabalho sobre a vida e a obra de Ramos de Azevedo, Carlos Lemos (1993, p.78) volta a falar do Palácio das Indústrias sem o antigo desapreço, mas também sem indulgência (fica mais ou menos claro que ele definitivamente não nutre maiores simpatias pelo seu estilo), classificando o projeto como expressão estilística de um "florentino flamejante", no qual se adotou "uma visão barroquizante do florentino renascentista revivido no Ecletismo historicista", bebido em Coppedè e introduzido em São Paulo por Domiziano Rossi, acrescentando que o estilo "resvalava perigosamente para o mau gosto implacável" e concluindo: "o que salva o Palácio das Indústrias, até do ridículo, é a escala grandiosa, é o tamanho, é a proporção dos elementos de composição". Enfim, Lemos de algum modo ecoa a postura do Mário de Andrade de sessenta e cinco anos antes, quando, no *Diário Nacional* de 28 de janeiro de 1928, qualifica o Palácio das Indústrias como um "monstro cheio de invenção", um "condoreiro berro de

Neste breve inventário de obras de inspiração florentina, cabe ainda menção a alguns exemplares significativos fora da capital paulista. Em Santos, seguem de pé o imponente Quartel dos Bombeiros, recentemente restaurado e atual Câmara Municipal, erguido entre 1907 e 1909, projeto pioneiro de Maximiliano Hehl (que também respondeu pela catedral neogótica daquela cidade – bem como pela igrejas da Sé e da Consolação, ambas em São Paulo) e a antiga sede da Banca Italiana di Sconto; de outra parte, restou somente o registro fotográfico de uma representativa residência projetada por Alexandre Albuquerque (**117 a 119**). Por fim, vale chamar a atenção para a antiga fotografia de uma curiosa construção acastelada absolutamente afinada com essa linguagem arquitetônica – com destaque para a indefectível *bifora* e as platibandas ameiadas –, encontrada num estudo corográfico sobre o estado de São Paulo, publicado em 1915: a "Cadeia Pública" do então recém-constituído município de Bauru (Souza, 1915, p.251). Trata-se de um registro precioso, na medida em que evidencia a precoce manifestação do estilo na longínqua fronteira do "velho oeste" paulista de princípios do século XX (**120**). Com essas mesmas características, felizmente ainda resiste a bem conservada Delegacia de Polícia de Espírito Santo do Pinhal (**121**).

Integrando esse rol, a Residência Ranzini, na inteireza e felicidade de sua concepção, desponta

---

tijolo que acabrunhou para sempre o parque D. Pedro..." (Souza, 2002, p.28).

(117 a 119) Representantes do estilo em Santos: antigo Quartel dos Bombeiros, atual Câmara Municipal (projeto de Maximiliano Hehl); antiga sede da Banca Italiana di Sconto; Residência Godofredo de Faria (demolida).

(120) Página seguinte: antiga Cadeia Pública de Bauru. (Extraída do livro *O Estado de São Paulo: physico, político, econômico e administrativo*, de T. Oscar Marcondes de Souza, publicado em 1915).

como um dos documentos mais significativos do que restou do acervo dessa corrente estilística em São Paulo. Da casa de Felisberto, falaremos com mais vagar no capítulo seguinte.

141

(121) Delegacia de Polícia de Espírito Santo do Pinhal.

CAPÍTULO 6

É UMA CASA FLORENTINA, COM CERTEZA...

(122) Livraria Saraiva (Praça João Mendes, 137). Ambrótipo, placa de vidro 12 x 16,5 cm. (Roger Sassaki / abr. 2014)

Em terreno adquirido por 15:715$000 (quinze contos, setecentos e quinze mil réis) de Elvira Giubergia e outros (havido por inventário do pai, Domingos Giubergia, em 1898), segundo escritura lavrada em 12 de junho de 1922 **(123)**, Felisberto Ranzini ergueu sua residência no então número 3 da Rua Santa Luzia (atual número 31), concluída em 1924, como atesta a data em seu frontão **(124 e 125)**. Ela foi construída nas divisas da rua e do lote seguinte e com recuos em relação ao lote anterior e à divisa do fundo, em conformidade com as plantas originais.

Com dois pavimentos (térreo e 1º andar) e porão habitável, os cômodos são assim identificados na cópia da planta sem data, assinada pelo arquiteto **(126)**: a entrada alpendrada leva ao hall que dá acesso à sala de visitas, com vista para a rua, e à sala de jantar; desta última sai o corredor que conduz à copa e à cozinha, passando antes pelo escritório do arquiteto e por um lavabo/WC; na cozinha, um lanço de escadas leva ao porão que reproduz a divisão do pavimento térreo: sob a copa e a cozinha, a despensa; sob o lavabo/WC, uma "câmara escura", o laboratório fotográfico do arquiteto; sob o escritório,

147

10.º TABELLIONATO
Rua Wenceslau Braz N.ºs 10 e 10-A
TELEPHONE CENTRAL, 4173
S. PAULO

24258

27

Para Transcripção de Immovel:

-Extracto-

Freguezia do Immovel:
----- Sé,desta Capital.

Denominação ou rua e numero do Immovel:
----- Rua Santa Luzia.

Caracteristicos do Immovel:
----- Um terreno medindo dez metros e trinta centimetros de frente por dezenove e 80 da frente aos fundos,completando-se dito terreno com um prolongamento mais ou menos de dez metros e de aargura igual prolongamento este pro indiviso,e que mede portanto 10,30 de frente por vinte nove e oitenta da frente ao fundo,mais ou menos,confinando por um lado com terreno do Espolio de Domingos Giubergia,de outro com Manoel Gudes Pinto Mello e Possidonio Ignacio das Neves ou successores,pelos fundos com Dr. Affonso Splendore.

Nome,domicilio e profissão do adquirente:
----- Felisberto Ranzini,domiciliado nesta Capital,proprietario.

Nome,domicilio e profissão do transmittente:
---- Donas Christina Giubergia,Thereza Giubergia,Francisca Giubergia, Maria Giubergia,Elvira Giubergia e Luiz Giubergia,aquellas domiciliadas em Napoles,Italia, e este nesta Capital,proprietarios.

Titulo:
---- Venda e Compra.

Forma do titulo,data e Tabellião que o fez :
---- Escriptura publica de doze de Junho de 1922,labvrada em São Paulo,nas notas do Decimo Tabellião interino, Edison Vieira.

Valor do con tracto:
----- Rs. 15:715$000.

Condições do contracto:
----- Não tem.

(123) Extrato da escritura de venda e compra do terreno da Residência Ranzini – 14 de junho de 1922. (AA)

a adega (adaptada para quarto de empregada, na lembrança de Renzo Ranzini); sob a sala de jantar, entrada e hall, dois depósitos (com porta independente para a área externa); sob a sala de visitas, um espaço identificado como "malas" no qual, conforme recordou seu neto, Felisberto instalava o cavalete para pintar.[1] Do hall no pavimento térreo também temos acesso ao primeiro andar por três lanços de escadas; chegamos então ao que o arquiteto qualifica de antecâmara e que conduz ao dormitório da frente, ao amplo dormitório de casal e à sacada sobre a entrada, circundada por elegante colunata (estabelecendo sugestivo contraste com as robustas colunas do piso inferior) **(127 a 130)**; novo corredor alinhado com os de baixo leva ao quarto, ao banho e WC e a um terraço que corresponde à laje da copa/cozinha. Erguida posteriormente, a *garage* nos fundos do lote, segundo cópia da planta registrada na Diretoria de Obras e Viação da Prefeitura Municipal – alvará n.4911 – em 7.10.1926, vem

---

1 Estimulado a escavar os "subterrâneos da memória" em depoimento gravado, Renzo Ranzini trouxe à tona suas mais remotas "memórias do subterrâneo", passadas em fins dos anos 1930: o porão como território favorito de brincadeiras, as cidades fantásticas – inspiradas nos filmes de Flash Gordon – construídas com restos de material elétrico encontrados embaixo da escada, enquanto o *nonno* pintava e vigiava as reinações do neto; a *nonna* ralhando com ele em dialeto mantovano; o escuro corredor que liga a despensa ao primeiro depósito insuflando seus temores infantis; a *mamma* vindo em seu socorro... Foi ainda neste porão que, por outro lado, tomou o primeiro contato e o gosto pela pintura vendo Felisberto trabalhar e, por este, sendo encorajado a se aprimorar no ofício – com efeito, Renzo foi o único membro da família a herdar e a honrar esse talento do avô.

149

(124) Estereoscopia da Residência Ranzini em construção. (AA)

(125) Foto tirada quando de sua conclusão. Chamam a atenção: o entorno, hoje completamente modificado; o poste de iluminação a gás; o gradil original da entrada; na extremidade superior esquerda, a lanterna que arremata o torreão do sobrevivente "castelinho" da Rua Conde de Sarzedas, atualmente restaurado e sediando o Centro Cultural do Museu do Tribunal de Justiça. (Arquivo Renzo Ranzini)

igualmente assinada por Ranzini, desta vez identificado como "projectista e constructor" (131).

A lateral e os fundos do imóvel não apresentam nenhum traço estilístico que os diferenciem da maioria das casas em tijolos aparentes – fabricados, neste caso, pela Cia. "Ceramica Villa Prudente", fundada em 1910 por Ramos de Azevedo e outros (132) –, com beirais e janelas venezianas construídas no período entreguerras. Já a entrada alpendrada com a varanda superposta e a face frontal, apoiadas em embasamento revestido de pedra (em aparelho irregular, com rejunte saliente de argamassa), receberam um harmonioso tratamento estrutural e decorativo, com ênfase na *trifora* – com um pitoresco beiral embutido – da sala de visitas (133) e seu desdobramento formal na janela do pavimento superior que, à maneira de uma *bifora*, é dividida por uma coluneta e encimada por um arco ogival "apoiado" em mísulas decoradas com cabeças de leão (arranjo puramente ornamental, marca registrada do ecletismo) (134 a 137). Outra nota original fica por conta da garagem acastelada, com o parapeito frontal do terraço que esta suporta simulando ameias. Ainda digno de menção é o muro de arrimo atijolado no fundo do lote, com seus belos contrafortes canjicados.

Um detalhe da "fachada-torreão" – também discretamente acastelada, com suas "platibandas-ameias" e coroada por um telhado de quatro águas (138) – que chama especial atenção é, por trás do ano de conclusão da obra, o *fascio* romano (139), resgatado pelo fascismo que, por sinal,

151

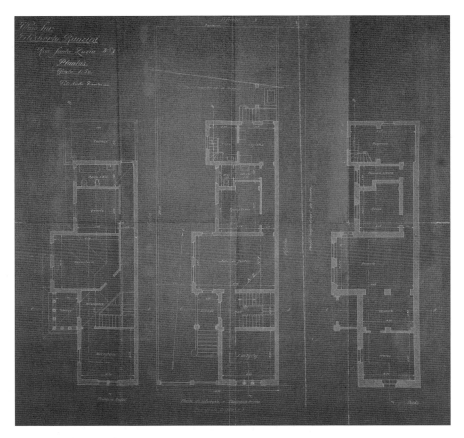

(126) Cópia da planta da casa assinada pelo arquiteto. (AA)

(127 a 130) Colunas da entrada e colunata do terraço superior.

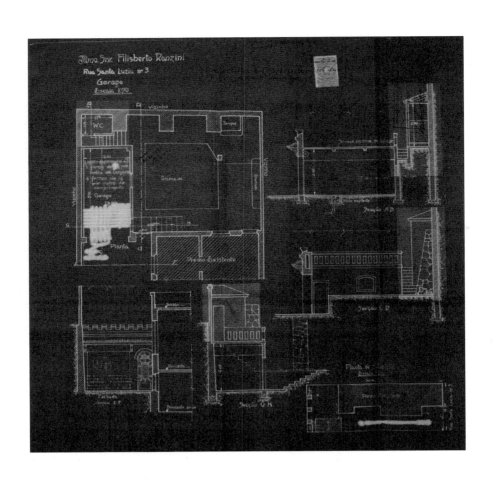

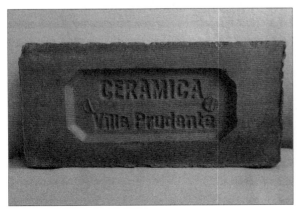

(131) Cópia da planta da garagem assinada pelo arquiteto. (AA)

(132) Tijolo usado na construção: "Ceramica Villa Prudente".

lhe tomou o nome (mesmo sendo um símbolo antigo, usado em diferentes períodos, lugares e contextos, ele acabou por ganhar vinculação mais estreita com o movimento liderado por Benito Mussolini, que funda o Partido Nacional Fascista em 1921, marchando sobre Roma e assumindo o poder em 1922). Indagado sobre a eventual identificação do avô com o então novíssimo regime, Renzo Ranzini não descartou a hipótese de que talvez houvesse alguma simpatia no calor do primeiro momento... mas que o tempo e os fatos rapidamente se encarregaram de arrefecer.

No interior da casa, dois cômodos merecem distinção: as salas apaineladas de visita e jantar. Na primeira, pintada de vermelho, destaca-se a ornamentação em relevo do teto estucado (**140**); na segunda, de cor verde, chamam a atenção dois vitrais com temas italiano e brasileiro (?) respectivamente – um representando um canal de Veneza e o outro, talvez, o litoral nordestino (**141 e 142**). No teto desta última temos ainda delicados afrescos com motivos vegetais: segundo Renzo Ranzini, estes teriam sido pintados por Oscar Pereira da Silva – para quem Ramos de Azevedo encomendara os grandes murais decorativos do Teatro Municipal – autoria sujeita a confirmação. No hall, antecâmara e corredor do primeiro pavimento correm frisos decorados com grutescos, nos quais se destacam escudos de tipo suíço, tendo por suportes graciosos grifos passantes (**143**); de acordo com Renzo Ranzini, trabalho de autoria do próprio arquiteto.

(133) *Trifora* da sala de visitas.

(134 a 137) Parte superior
da fachada.

(138) "Platibandas-ameias" e telhado
de quatro águas da fachada.

157

(139) *Fascio* e data de conclusão da obra.

Fotos da família mostram ainda que os quartos e o escritório possuíam barras decorativas (**144 a 151**), demandando uma prospecção que, quando do restauro da casa em 2007, por insuficiência de meios e prudência, os atuais proprietários preferiram não fazer. Dos primeiros tempos também permaneceram a coifa da cozinha e, no WC do primeiro andar, o aquecedor a gás italiano marca Cosmos importado por Ernesto de Castro & C. – como já mencionamos, genro de Ramos de Azevedo (**152 e 153**).

Considerando os polos de produção arquitetônica eclética anteriormente descritos – os palacetes da alta burguesia num extremo e, no outro, suas infinitas contrafações cometidas pelas camadas populares – como situar a Residência Ranzini? Não obstante o apuro de sua fatura e a excelência dos materiais, decorrências necessárias da formação e da inserção profissional do proprietário, ela se enquadra relativamente bem – com ressalvas pontuais, feitas no correr da citação – na classificação do professor Nestor Goulart Reis Filho (1983, p.66), analisando as construções levadas a cabo na cidade entre os anos 1920 e 1940:

> Para os pequenos investidores, vivendo frequentemente de seus salários e procurando aplicar eficazmente algumas economias, o objetivo máximo de segurança seria uma casa própria. Como consequência, aqueles anos assistiram à multiplicação dos conjuntos de casas econômicas de tipo médio, repetindo, o quanto possível, as aparências

159

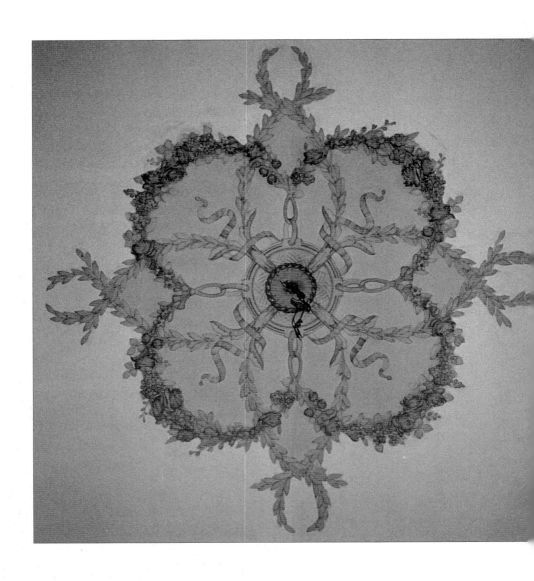

(140) Teto da sala de visitas.

das residências mais ricas, dentro das limitações e modéstia de recursos de sua classe.

É evidente que essas habitações, edificadas com economia de terreno e meios, aproveitavam em menor escala as novas possibilidades. Conservando-se em geral sobre os limites laterais dos lotes, recuavam quase sempre alguns metros das vias públicas, onde apareciam miniaturas de jardins. [No caso da Residência Ranzini, a implantação se deu de forma mais conservadora, sem recuo frontal, quiçá pela exiguidade do lote.] Com esses surgiam, também, certas inovações plásticas, de sentido puramente formal, onde se acompanhavam de modo quase caricato as variações das correntes arquitetônicas [o que, a nosso juízo, aqui não se aplica, por tudo o que já foi exposto]. Em casos especiais, surgiria um afastamento, em um dos lados, dando lugar a uma passagem para automóveis. Como nos edifícios de maiores dimensões, as edículas viriam acomodar-se aos limites de fundo dos terrenos [intervenção reduzida à construção da garagem e um telheiro sobre o tanque de lavar roupa].

Pode-se perceber facilmente que essas casas conservavam, dentro do possível, as mesmas tendências de valorização social e arquitetônica de certos espaços e desvalorização de outros, que se encontravam nas moradias das classes mais abastadas. Jardins na frente e fachadas rebuscadas, em escala reduzida, às vezes mesmo de miniatura, acentuavam a importância das frentes e ocultavam a modéstia dos fundos.

(141 e 142) Vitrais da sala de jantar.

(143) Friso de autoria de Felisberto Ranzini.

Três gerações da família coabitaram o imóvel ao longo de mais de oitenta anos (junto à esposa, Rosina Acquaroni, Felisberto nele viveu de 1924, ano da construção, até seu falecimento em 1976); o mesmo se passou com o filho único do arquiteto, Otávio Valério, que se casou com uma vizinha da mesma rua, Honorina de Oliveira, mantendo a casa como domicílio; nela nasceram seus dois filhos que herdaram, cada qual, diferentes dimensões das habilidades do avô: Renzo Emiliano (pintor, além de poeta refinado) e Lello Sisto (engenheiro civil), dos quais o imóvel foi adquirido pelos atuais proprietários, em 5 de setembro de 2006; Renzo E. Ranzini foi morador de 1934, ano de seu nascimento, até a venda. Esse conjunto de peculiaridades com certeza contribuiu para o excelente nível de conservação do imóvel mantido até o presente. Praticamente tudo é original e o restauro levado a efeito ao longo de 2007 preservou tanto quanto o possível todas as suas características construtivas e decorativas. O imóvel acolhe atualmente um escritório de arte-educação e um laboratório de pesquisa de técnicas fotográficas do século XIX, além de funcionar esporadicamente como espaço cultural e expositivo.

Em 2008, os atuais proprietários enviaram ao Conpresp o pedido de abertura de processo de tombamento do imóvel, finalmente aprovado por unanimidade de votos na 612ª reunião ordinária desse Conselho, em 21 de julho de 2015. Solicitação idêntica foi encaminhada ao Condephaat que, em sessão ordinária do seu colegiado

163

(144 a 151) Barras decorativas existentes nos vários cômodos da casa e mobiliário original. (Arquivo Renzo Ranzini)

(152 e 153) Aquecedor instalado no WC do andar superior.

(154) Página anterior: bairro da Liberdade e arredores vistos do Edifício Martinelli. Década de 1940. Chama a atenção, para além do Parque da Aclimação, a ocupação rarefeita e, ao fundo, a Serra do Mar. (AA)

a) Caixa Econômica Federal.

b) Antigo prédio do Corpo de Bombeiros à Rua Anita Garibaldi (demolido). Por trás, a torre da Capela de Santa Luzia (c).

d) Palácio da Justiça.

e) Palacete Santa Helena (demolido).

f) Catedral da Sé (em construção). Por trás, mais ao fundo, temos, à esquerda, o antigo Colégio São José (g); ao centro, a Capela dos Aflitos (h).

i) Igreja de São Gonçalo.

j) Capela da Santa Cruz dos Enforcados, em reconstrução (ainda com a torre antiga ao fundo).

k) Edifício Jahu, no Largo da Pólvora.

l) Catedral Metodista de São Paulo.

m) Hospital Santa Helena (esquina das ruas São Joaquim e Vergueiro).

n) Fundos da residência de Ramos de Azevedo, à Rua Pirapitingui.

o) Igreja de Santo Agostinho.

p) Antigas instalações da cervejaria Brahma, no Paraíso (demolidas).

q) Antigo Grupo Escolar Campos Salles.

r) Catedral Ortodoxa Russa de São Nicolau, à Rua Tamandaré.

s) Antigo Teatro São Paulo (demolido), no Largo de mesmo nome (atual Praça Almeida Jr.).

t) Segunda sede do Círculo Esotérico da Comunhão do Pensamento, esquina da Rua Conselheiro Furtado com o antigo Largo São Paulo (demolido).

u) Conjunto de antigos sobradões no início da Rua Tamandaré.

v) Igreja Cristã Paulistana (esquina das ruas Pires da Mota e Jener).

w) Igreja de Nossa Senhora dos Remédios, à Rua Tenente Azevedo (Cambuci).

x) Antigo "Morro do Piolho", no final da Rua Espírita.

y) Parque da Aclimação.

(155) Ricardo Severo. Bico de pena de Felisberto Ranzini (1940). (AA)

(156 e 157) Felisberto Ranzini sorridente ao lado de Ricardo Severo... e, anos depois, junto ao busto em homenagem ao amigo. (ADB)

em 4 de novembro de 2013, deliberou aprovar o parecer da conselheira relatora, arquiteta Sílvia Wolff, favorável ao tombamento.

A título de curiosidade, vale lembrar que também moraram no bairro da Liberdade **(154)**, em residências por eles idealizadas, os arquitetos – e sócios de 1908 a 1928 – Ramos de Azevedo e Ricardo Severo, com os quais Felisberto trabalhou longamente. Da boa relação de Ranzini com o segundo, dão testemunhos um belo bico de pena de 1943 que o italiano fez do amigo português **(155)**, falecido em 1940, bem como mais de uma foto da época em que conviveram, nas quais aparecem sorridentes lado a lado **(156 e 157)**. A casa de Ramos, concluída em 1891 (como se vê na grimpa) à Rua Pirapitingui, foi totalmente restaurada e é tombada pelo Condephaat **(158)**. Da primeira metade dos anos 1920 e infelizmente demolida, a residência de Severo à Rua Taguá, conhecida como Casa Lusa, era um documento representativo das discutíveis intenções teóricas – de busca nacionalista de uma "renovação" estética com identidade "brasileira" pela via da "tradição", em reação ao ecletismo vigente (à semelhança do que ocorreu em toda a América Latina nesse período e com antecedentes nos EUA) – e dos não menos discutíveis resultados práticos do chamado movimento neocolonial que seu proprietário forjou e pelo qual sempre se bateu; entre os quais, é justo dizer, uma quantidade apreciável de belos resultados, indiferentes às teorias e mais afinados com as liberdades ecléticas (das

(158) Residência de Ramos de Azevedo. R. Pirapitingui, 111 (Liberdade, 1891).

quais essa corrente acabou sendo apenas mais uma expressão).[2]

2 Afinal, cada qual nos seus próprios termos, se pode haver – e há – boa e má arquitetura vernácula ou moderna, o mesmo vale para as criações do ecletismo. Para ficarmos com a fatia boa e permanecendo no terreno da produção neocolonial em São Paulo, bastaria lembrar os surpreendentes projetos residenciais do francês Victor Dubugras (e portanto estrangeiro, como Severo), lamentavelmente quase todos desaparecidos – de sua autoria restam na cidade apenas dois exemplares, à Avenida Higienópolis, 232 e à Rua Condessa de São Joaquim, 277, precursores, respectivamente, das correntes protomoderna e neocolonial que o arquiteto praticou (Reis, 1997): isentos de qualquer espécie de purismo, eram inventivos e bem-resolvidos, sóbrios e funcionais (trabalhos sobreviventes desse arquiteto, como o Largo da Memória e os monumentos no Caminho do Mar, são amostras eloquentes disso). De resto, diante de sua destruição em ritmo acelerado, até por ser mais recente e não despertar maiores atenções, o acervo neocolonial representativo que ainda resiste – seja de influência luso-brasileira, hispanoamericana ou de caráter "híbrido" – está reclamando urgentes medidas de proteção, antes que seja tarde demais.

CAPÍTULO 7

UMA POSSÍVEL AUTORIA?

(159) Antiga sede do Banco Francês e Italiano (Rua 15 de Novembro, 213). Ambrótipo, placa de vidro 12 x 16 cm.
(Roger Sassaki / jun. 2014)

Consultando bibliografia sobre o tema, encontramos no *Álbum iconográfico da Avenida Paulista*, de Benedito Lima Toledo (1987, p.47), uma velha foto da já citada residência de João Baptista Scuracchio (c. 1920), projeto de autoria ignorada; de inspiração florentina, assim como a residência de Felisberto Ranzini (1924), ambas se caracterizando pela composição sóbria e equilibrada (**160 e 161**). As semelhanças, contudo, não param por aí. Comparadas, significativas afinidades no âmbito das fachadas – não conhecemos outras fotos, nem as plantas da primeira – chamam a atenção, para além dos tijolos aparentes (em aparelho inglês) e do repertório estilístico comum. No geral, elas apresentam arranjos volumétricos diferentes para os mesmos dois blocos compositivos, vinculados aos respectivos lotes de implantação (bem mais estreito no segundo caso). Com efeito, em relação à casa Scuracchio, o bloco à esquerda, em que se acopla a entrada alpendrada, "encolhe" na casa Ranzini, enquanto à direita, a "fachada torreão" coroada com um telhado de quatro águas se alonga, mais robusta. No detalhe, observamos tratamento e soluções muito similares: os barrados envoltórios com ladrilhos e argamassa (em "xadrez" e "losangos" respectivamente); a *bifora* central da casa Scuracchio correspondendo a *tri-*

177

(160) Residência João Baptista Scuracchio (Extraída do livro *Álbum iconográfico da Avenida Paulista*, de Benedito Lima Toledo).

(161) Residência Felisberto Ranzini.

fora da casa Ranzini, ambas encimadas por ogivas; instalados na frontaria, os pitorescos beirais decorativos apoiados em elegantes mãos-francesas; os respectivos remates superiores das "fachadas-torreão" utilizando idênticos elementos ornamentais, mais especificamente a sequência de arcos misulados em contraponto com um grande arco ogival central, todos em tijolos aparentes num fundo de argamassa **(162)**; os beirais com grutescos, aparentemente esgrafiados no primeiro caso (na casa Ranzini, os grutescos que ornavam os beirais do "torreão" foram recobertos de tinta) **(163)**.[1] Atribuído efetivamente a

---

1 Não é improvável que esses desenhos sejam também de Ranzini (seu neto, Renzo, desconhece qualquer informação a esse respeito). Tangenciando nosso tema em mais de um ponto, a pesquisadora Yvoty Macambira (1985, p.39) observa que, no contexto da produção eclética paulistana, o profissional – via de regra, italiano ou descendente – conhecido como

> pintor-decorador era muitas vezes também o responsável pelo projeto de decoração e pintura de fachadas, sobretudo nas que iremos aqui enquadrar como estilo *veneziano* ou *florentino*, embora com a ressalva [que é também nossa] de que a maioria das construções feitas em São Paulo na última década do século XIX e nas duas primeiras deste século devam ser circunscritas nos moldes do ecletismo vigente. Apesar de desníveis estilísticos, proliferaram pela cidade, principalmente nos bairros do Paraíso e Vila Mariana, na Avenida Paulista e Avenida Brasil, uma série de construções cujos elementos decorativos predominantes eram interpretações inspiradas no florentino e no veneziano. Nestas construções, era muito comum a aplicação de pinturas (afrescos) externas, executadas pelos pintores-decoradores. [grifos da autora]

Como exemplar com decoração de inspiração veneziana, a autora destaca o Palacete Beneducce (1927) localizado na Rua Paraíso e demolido nos anos 1970, um dos últimos tra-

181

(162) Residência Ranzini: remate superior da fachada.

(163) Residência Ranzini: grutesco pintado no beiral do "torreão".

Ranzini por Salmoni e Debenedetti, temos ainda outro palacete de influência florentina, este demolido, situado na esquina das Avenidas Higienópolis e Angélica **(165)**, que Maria Cecília Naclério Homem identificou como construído em 1927 – Sílvio Macedo (2012, p.163), por seu turno, fala em 1922 – sob a responsabilidade de Ramos de Azevedo e mobiliado com móveis do Liceu de Artes e Ofícios para o cafeicultor Alcides Ribeiro de Barros (Homem, 1980, p.96). As fotos encontradas (Macedo, 2012, p.60) revelam, neste caso, uma fatura mais requintada, com fachadas e telhados bem mais movimentados comparados ao imóvel da Rua Santa Luzia, decorrência evidente da privilegiada (e bem explorada) implantação em terreno de esquina. Contudo, reaparecem as soluções aparentemente de particular agrado do autor (e também adotadas na Residência Scuracchio): os graciosos beirais guarnecendo as entradas e, rematando a "fachada-torreão", a mesmíssima arcatura *alla* Ranzini (claro, entre aspas e com todos os senões cabíveis, visto que variantes de tais arcos decorativos foram utilizadas nesse período à exaustão, por aqui e no país de origem).

---

balhos do pintor-decorador Oreste Sercelli (Macambira, 1985, p.90). É interessante notar que, a julgar da foto desse palacete reproduzida no livro *Mestres da fachada*, essa diferenciação estilística se dá, de fato, somente no aspecto decorativo: sobre um partido arquitetônico aparentemente em tudo semelhante a tantas construções paulistanas ditas "florentinas", apenas a "roupagem" empregada define o assinalado estilo "veneziano". Coisas do ecletismo... **(164)**.

(164) Palacete Beneducce. Rua do Paraíso (demolido). (Extraída do livro *Mestres da fachada*, de Ivoty Macambira)

(165) Página seguinte: Residência Alcides Ribeiro de Barros (esquina das Avenidas Higienópolis e Angélica) (demolida). (ADB)

Considerando a autoria indefinida, aflorou-se a hipótese de que o imóvel da Avenida Paulista também pudesse ser produto da prancheta ou, pelo menos, da orientação de Ranzini, ou ainda da sua cooperação com outro profissional – ainda que ele não apareça na sucinta relação de próprio punho feita por Felisberto (ver ilustração n.39). Sem referências nesse sentido do lado do provável arquiteto, restou localizar algum indício do lado do morador. Eis que, numa edição do *Correio Paulistano* (25 de fevereiro de 1939), descobrimos que o comendador Scuracchio, industrial, dono do Cotonifício Paulista, também investia fortemente no setor imobiliário, sendo proprietário de importantes imóveis no centro da cidade, entre eles nada menos que o anteriormente citado Clube Comercial no Vale do Anhangabaú (com foto em destaque na matéria), concluído em 1929 e tido como obra de Ranzini. Uma segunda encomenda – quem sabe – de um cliente satisfeito com a primeira. Enfim, algumas evidências apuradas que, por ora, apontariam na direção da autoria ou da colaboração de Felisberto, sujeitas à confirmação. Ainda que eventualmente isto não se confirme, as semelhanças entre as duas construções demonstram, no mínimo, o intenso trânsito de influências e apropriações recíprocas no contexto de um mesmo repertório estilístico, traço característico daquele fascinante período.

CAPÍTULO 8

UMA CURIOSIDADE: A FONTE DE SANTA LUZIA

(166) Palácio das Indústrias.
Calótipo seco, 25 x 30 cm,
positivo digital.
(Roger Sassaki / jul. 2014)

No muro localizado entre o lote da casa Ranzini e o vizinho, à esquerda de quem entra, encontra-se afixada uma pequena placa de ferro de 0,7 x 0,6 cm com as iniciais R A S E **(167)** que, segundo Renzo Ranzini ouviu de seu avô, tratar-se-ia da indicação do local da antiquíssima "bica de Santa Luzia", lacrada pelo Serviço Sanitário em princípios da década de 1920 (ainda não conseguimos identificar o significado da sigla; o que apuramos por enquanto é que o Governo do Estado criou, em 1893, a Repartição de Águas e Esgotos da Capital – RAE – extinta em 1954). Sobre a fonte, encontramos o seguinte:

> A primeira preocupação de saber das águas de que se utilizava a população urbana da Capital de São Paulo partiu do capitão-general Bernardo José Lorena, governador da Capitania entre 1788 e 1797 [...] em 1791 [...] determina ao químico Bento Sanches d'Orta a análise das fontes existentes em redor da povoação e nas quais a população acostumara-se a abastecer-se. [...] d'Orta apresentou ao capitão-general o seguinte resultado [...] N. 9. Água da fonte de Santa Luzia. É fria, ácida, a base de terra argilosa. [...] Excelente água para se beber e a melhor (de 12 fontes) até agora analisada. [...] Em 1920, o Serviço Sanitário de São Paulo, divulgou as análises realizadas pelo químico João

189

(167) Placa que indicaria o local da antiga bica de Santa Luzia.

Batista da Rocha de 24 fontes, algumas das quais já haviam sido analisadas por d'Orta [...] Água nº. 2 – Fonte de Santa Luzia, na rua Bonita (É a mesma vertente de Santa Luzia, examinada por d'Orta em 1791). Água colhida a 12-7-1919 às 12h e 15m. [...] *É uma água fortemente poluída.* (Freitas, 1929, p.138, grifo do autor)

D. Bernardo José Lorena – quinto Conde de Sarzedas – não imaginava que, quase trinta anos depois, seu filho Francisco iria se envolver numa trama romanesca... exatamente ao pé da bica de Santa Luzia, localizada nos limites de sua chácara, que começava logo atrás da Rua Tabatinguera e cuja casa ficava mais ou menos onde hoje é o Centro Cultural do Museu do Tribunal de Justiça (o popular "castelinho" da Conde de Sarzedas – erguido em fins do século XIX para Luís de Lorena Rodrigues Ferreira, descendente do conde) **(168)**.

O fato é que, às vésperas da independência do país, deu-se um escandaloso evento – para a mais que provinciana São Paulo de então – da pré-história de nossa crônica policial que acabaria por se relacionar com os acontecimentos de 1822, envolvendo Maria Domitila Castro Canto e Melo, futura marquesa de Santos. Na altura em que os fatos se passaram, Domitila estava na casa do pai, por desavenças com o marido, com quem se casara em 1813, aos 16 anos. Alberto Rangel (1969, p.86), no seu estilo rebuscado – a primeira edição de seu livro, *Dom Pedro I e a Marquesa de Santos* é de 1916 – assim relata o acontecido:

191

(168) Antiga residência de Luís de Lorena Rodrigues Ferreira, atual Centro Cultural do Museu do Tribunal de Justiça (esquina das ruas Conde de Sarzedas e Dr. Tomás de Lima).

Consta que em 1819 o coronel João de Castro Canto e Melo [pai de Domitila] era, em S. Paulo, morador da chácara que pertenceu a João Rademaker e contígua à grande quinta de D. Francisco de Assis Lorena [filho do conde de Sarzedas], ocupando ambos a extensa área, desfigurada posteriormente pelos arruamentos consentidos por D. Ana Maria de Almeida Lorena Machado [filha de D. Francisco]. A fortuidade das colocações facilitaria certas espiadelas e manejos de que o alferes Felício Pinto Coelho de Mendonça [marido de Domitila] teria a prova abrindo os olhos e pilhando na bica de Santa de Luzia cujo caminho se fazia entre as duas propriedades, a mulher resvalada aos pés de um fauno, que seria o próprio D. Francisco de Assis Lorena, pelo que o mesmo Felício, por duas vezes, nos músculos da coxa e no baixo ventre da ninfa [que além do mais, estava grávida... do marido], plantara a sua faca de roceiro em escarmento da traição [no dia 6 de março, por volta das sete da manhã]. A fonte pejada de ver tais cenas, em análise de Bento de Sanches de Orta, mandada fazer pelo pai de D. Francisco, era excelente a beber e o povo atribuía-lhe virtude para a cura dos olhos, daí a denominação patronímica da dominicana bolonhesa e cega voluntária. Hoje a ironia da sorte a tornou linfa impotável e pêca, enjoativa e laxante; seus nitratos e cloretos fundamentaram em 1919 a recusa da Municipalidade de a receber em legado. No processo de 1824, D. Domitila declarou ter-se dado o crime quando se encaminhava a postulante para a casa da "Prima D. Maria Inácia" marcando-lhe o local, o dia e a hora inolvidáveis...

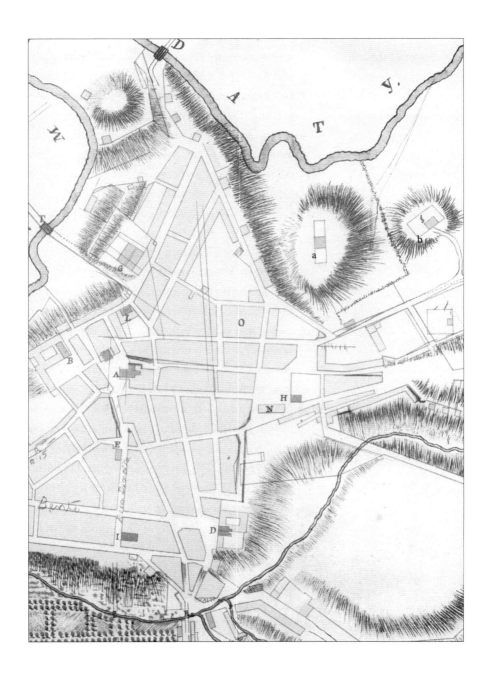

(169) *Planta da cidade de S. Paulo*, de Rufino José Felizardo e Costa (1810). Identificação das Chácaras de Ana Machado (a) e dos Ingleses (b).

A citada propriedade de João Rademaker, conhecida como "chácara dos Ingleses", já aparecia com destaque – assim como a da família Lorena – na *Planta da cidade de S. Paulo*, levantada em 1810 **(169)**. Ela foi vendida em 1824 à Santa Casa de Misericórdia, que ali se estabeleceu entre 1825 e 1840. Depois disso, o casarão foi república de estudantes – onde moraram, entre outros, Álvares de Azevedo e Bernardo Guimarães – e, por último, residência do professor da Faculdade de Direito, o conselheiro Francisco Maria de Souza Furtado de Mendonça, que acabou dando nome à rua. Segundo Affonso de Freitas (1921, p.13), nascido em 1870 e criado na Liberdade, "a situação do velho edifício era sobre a elevação de terreno, hoje arrazada, então existente no Largo da Glória, actual de S. Paulo, entre a rua desse nome, travessa da Cons. Furtado e a Rua Bonita". O antigo Largo São Paulo – e antes, da Glória – corresponde atualmente à "Praça" Almeida Júnior (na verdade, uma mísera franja de terreno, visto que sua maior porção foi engolida pelo vão livre do "minhocão"); a antiga Rua Bonita é a atual Dr. Tomás de Lima.

Após o inusitado episódio, Domitila passou a morar em definitivo com os pais, enquanto o ex-marido movia processo contra D. Francisco, que lhe desonrara, exigindo ainda a guarda dos três filhos. Afinal, entre agosto e setembro de 1822, por provável intermédio do irmão, o então tenente Francisco de Castro Canto e Melo, ajudante de ordens de D. Pedro durante sua viagem a São Paulo e a Santos, Maria Domitila conheceu o príncipe... O resto da história, todos já sabem...

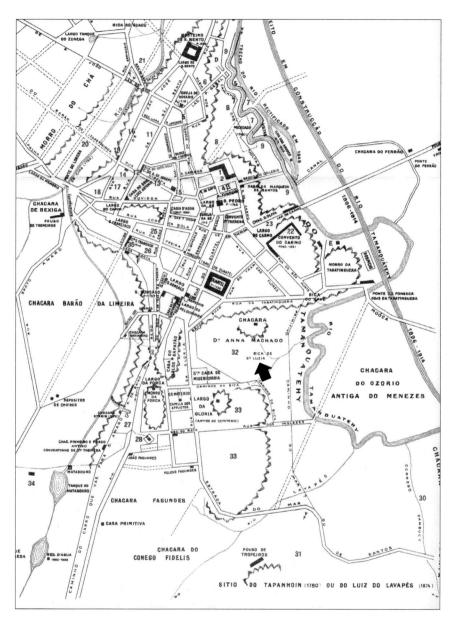

(170) *Planta histórica da cidade de São Paulo (1800-1874)*, de Affonso de Freitas.

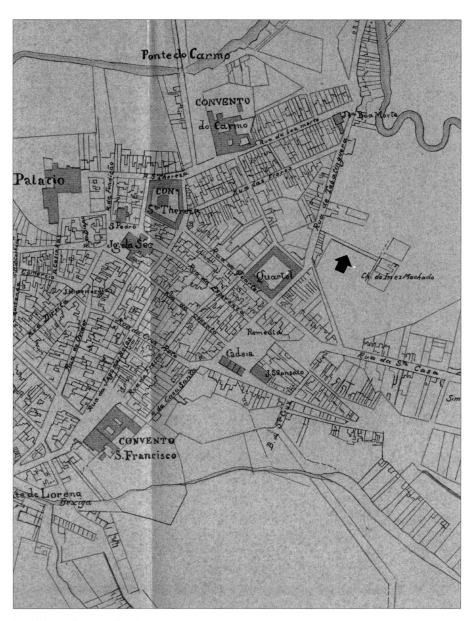

(171) *Mappa da cidade de São Paulo e seus subúrbios*, de C. A. Bresser (1844/47).

197

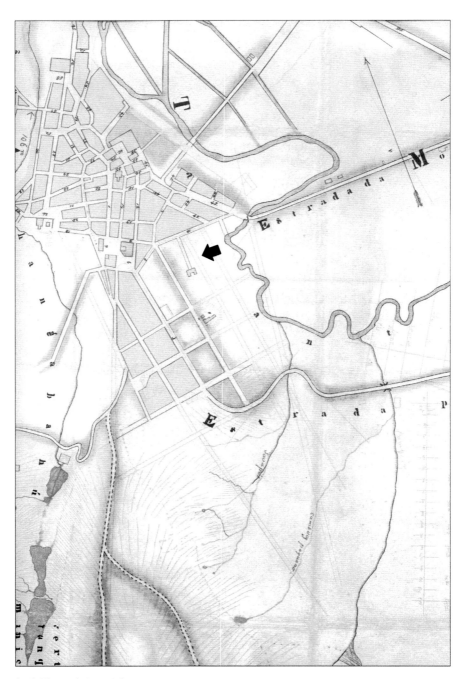

(172) *Mappa da imperial cidade de S. Paulo*, de Carlos Rath (1855).

(173) Capela de Santa Luzia (Rua Tabatinguera, 104/114), alinhada com o "castelinho" da Rua Conde de Sarzedas, atual Centro Cultural do Museu do Tribunal de Justiça, ao fundo.

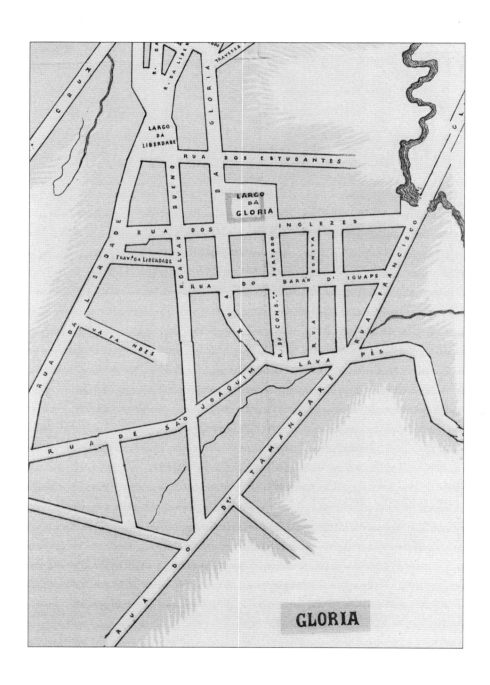

(174) *Planta da capital do estado de S. Paulo e seus arrabaldes,* de Jules Martin (1890).

A bica de Santa Luzia aparece na *Planta histórica da cidade de São Paulo (1800-1874),* de Affonso de Freitas **(170)**, nos limites da chácara de Ana Maria de Almeida Lorena Machado – que, por sinal, mandou construir em 1901 à Rua Tabatinguera, em terreno que correspondia aproximadamente à primitiva entrada de sua propriedade (como se pode observar no *Mappa da cidade de São Paulo e seus subúrbios* – 1844/47 –, bem como no *Mappa da imperial cidade de S. Paulo* – 1855) a ainda existente capela de Santa Luzia (atualmente ainda é possível observar seu alinhamento com o Museu do Tribunal de Justiça, provável local do antigo casarão, situado na rua detrás) **(171 a 173)**. A Rua Santa Luzia, assim como a Conde de Sarzedas, o início da Conselheiro Furtado e da Dr. Tomás de Lima (antiga Rua Bonita) só foram abertas nas terras dessa chácara em fins do século XIX: na *Planta da capital do estado de S. Paulo e seus arrabaldes,* desenhada em 1890, o trecho em questão, compreendido entre as ruas Tabatinguera, da Glória e dos Estudantes (antigo "caminho da bica", segundo Affonso de Freitas) ainda permanecia vazio **(174)**; na *Planta da cidade de São Paulo* (1895), de Hugo Bonvicini, já se delineia o arruamento tal como ele existe hoje, mas indicando a Rua "Sta. Lucia". O nome atual aparece finalmente na *Planta geral da capital de São Paulo,* organizada em 1897 **(175)**.

A eventual existência de vestígios dessa relíquia colonial certamente merece uma investigação arqueológica criteriosa, condizente com sua importância para a memória de São Paulo. Por enquanto, o que quer que tenha restado da bica

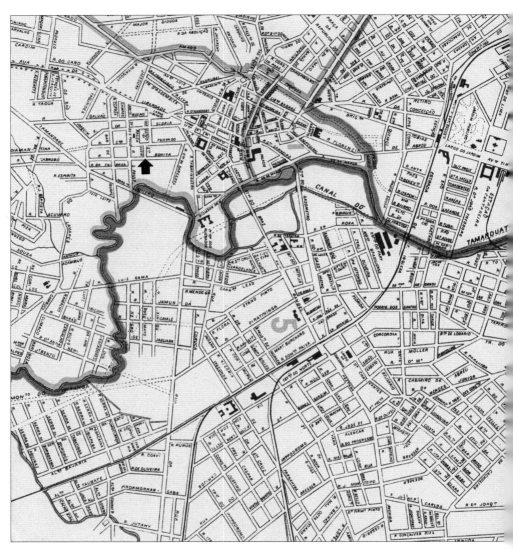

(175) *Planta geral da capital de São Paulo*, de Gomes Cardim (1897).

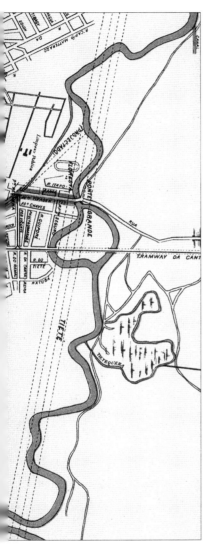

de Santa Luzia segue dormindo seu sono secular nas profundezas da minúscula rua de mesmo nome, esperando o incerto momento de voltar a ver a luz do dia nessa parcela anônima de território paulistano saturada de história. De sua parte, a Casa Ranzini, tão italiana e tão nossa, amálgama improvável de tijolos, pessoas e sonhos que o acaso quis assentar no mesmo local, conseguiu vencer com bravura as privações e as provações da incúria e da especulação, da ignorância e da insensibilidade, do tempo e do esquecimento; a caminho dos cem anos, conseguiu resistir às adversidades, no campo de batalha cruel e cruento de nossa cidade autofágica, em que tanto se perdeu e, tristemente, ainda continua se perdendo... Este rápido estudo é apenas uma modesta contribuição no sentido de celebrar essa vitória. Hoje, tudo o que sobreviveu do que o talento arquitetônico de Felisberto Ranzini nos legou, incluindo a pequena joia florentina que ele concebeu para sua morada, finalmente está a salvo.

GLOSSÁRIO

AMEIA – sistema defensivo de uma fortaleza ou castelo, em que o parapeito da muralha é recortado a intervalos regulares. O "dente" do recorte é chamado de merlão (em italiano, "*merlo*"); alguns autores chamam de "ameia", mais precisamente, o espaço entre os merlões.

APARELHO – modo de dispor pedras ou tijolos na construção de muros e paredes de maneira a garantir solidez e estabilidade por meio de uma boa amarração. No "aparelho inglês", as fiadas são alternadas com tijolos assentados "de comprido" e "atravessados".

ARCATURA – pequena arcada decorativa.

ARCO MISULADO – arco "falso" do ponto de vista funcional; de caráter meramente decorativo.

BIFORA – janela dividida verticalmente em duas aberturas (luzes), em arcos plenos ou ogivais, intercaladas por uma coluna fina (mainel); ela pode ser arrematada por um arco pleno ou ogival superposto (no caso de três aberturas e duas colunas – como na fachada da Residência Ranzini – temos uma *trifora*; com quatro aberturas, temos a *quadrifora*). Recorrente nos períodos românico, gótico e renascentista, esse tipo de janela caiu em desuso, sendo resgatado somente no século XIX, com o advento do ecletismo.

CACHORRO – peça de madeira ou pedra em balanço para sustentar ou decorar beirais, balcões ou sacadas.

CANJICADO – alvenaria de pedras rústicas e irregulares em que peças de maior tamanho são entremeadas de outras menores.

ESGRAFITO – desenho decorativo parietal, resultante da remoção por raspagem de uma camada superior de tinta de modo a revelar uma camada inferior de outra coloração.

ESTEREOSCOPIA – ou fotografia estereoscópica, consiste numa técnica fotográfica que permite ao observador a percepção tridimensional de um espaço ou objeto em um visor binocular que utiliza duas fotos tiradas simultaneamente numa câmera de objetivas "gêmeas", com os respectivos centros separados por aproximadamente 6 cm (a distância aproximada que separa o olho esquerdo do direito).

ESTILEMA – elemento característico e constante de um determinado estilo.

FASCIO – feixe, em italiano. Usado na Roma antiga como símbolo de autoridade dos magistrados, é constituído de um feixe de varas amarrado a um machado; adotado nos mais variados contextos históricos desde então, representa, genericamente, união e força.

FRECHAL – viga de madeira fixada no topo e ao longo de uma parede, na qual se apoiam os barrotes do soalho ou os caibros do telhado.

GRIFO – animal fabuloso, com cabeça e asas de águia num corpo de leão. "Passante", segundo a terminologia heráldica, indica o animal em posição de caminhar, com a pata direita levantada.

GRIMPA – lâmina móvel do cata–vento.

GRUTESCO – ornamento rebuscado, semelhante ao arabesco, pintado ou em estuque, inspirado em motivos naturais – plantas, animais – e/ou fantásticos.

LANTERNA – pequeno torreão cilíndrico ou poligonal com aberturas de iluminação em toda volta, que arremata cúpulas e outros tipos de cobertura.

MÃO–FRANCESA – suporte de formato geralmente triangular, destinado a sustentar beirais, caixas d'água etc.

MÍSULA – suporte saliente fixado em uma parede, com a forma aproximada de um "S" invertido, podendo ser mais largo em sua porção superior, cuja função é sustentar um arco, uma cornija, um busto etc. Na Residência Ranzini, como já foi assinalado e como é da natureza do ecletismo, todas as mísulas são decorativas.

MUXARABI – balcão de origem árabe, cercado por grades em treliça de madeira que garantem baixa luminosidade e ventilação, além de permitir ver sem ser visto.

PLATIBANDA – mureta ou moldura contínua, vazada ou não, que coroa as paredes externas de um edifício, acima da linha dos frechais, ocultando o telhado.

REFERÊNCIAS BIBLIOGRÁFICAS

AMARAL, A. B. do. *Dicionário de história de São Paulo*. Governo do Estado de São Paulo, 1980. (Coleção Paulística, v.XIX.)

ANDRADE, M. *Taxi e Crônicas do Diário Nacional*. São Paulo: Livraria Duas Cidades, 1976.

ARANTES, O. B. F. Esquema de Lúcio Costa. In: NOBRE, A. L. et al. (Orgs.). *Um modo de ser moderno*: Lúcio Costa e a crítica contemporânea. São Paulo: Cosac Naify, 2004. p.84-103.

BARREIRINHAS, Y. S. (Org.). *Menotti del Picchia, o gedeão do modernismo*: 1920-22. Rio de Janeiro: Civilização Brasileira, 1983.

BECKER, A. E. Protorenascença florentino. *Acrópole*, São Paulo, n.2, p.12-8, jun. 1938a. Diponível em: http://www.acropole.fau.usp.br/edicao/2.

_____. Residência florentina. *Acrópole*, São Paulo, n.3, p.26-35, jul. 1938b. Disponível em: http://www.acropole.fau.usp.br/edicao/3.

BRESSAN, M. L. P. A história da arquitetura brasileira e a preservação do patrimônio cultural. *Revista CPC* (Centro de Preservação Cultural – USP), São Paulo, n.1, p.41-74, nov. 2005/abr. 2006.

BRIGANTI, A. P.; MAZZA, A. *Roma, architetture, biografie* (1870-1970). Roma: Prospettive Edizioni, 2013.

BRUAND, Y. *Arquitetura contemporânea no Brasil*. 2.ed. São Paulo: Editora Perspectiva, 1991.

BUENO, B. P. S. Escritório Técnico Ramos de Azevedo, Severo & Villares: longevidade, pluralidade e modernidade (1886-1980). *Revista CPC* (Centro de Preservação Cultural – USP), São Paulo, n.19, p.194-214, jun. 2015.

CARELLI, M. *Carcamanos e comendadores*: os italianos de São Paulo; da realidade à ficção (1919-1930). São Paulo: Editora Ática, 1985.

CASTELLO MACKENZIE. Genova: Cambi Casa d'Aste, [s.d.].

CASTRO, A. C. V. de. Entre a cópia, a importação e a originalidade: artes (e arquitetura) na década de 20, por intermédio das crônicas de Menotti del Picchia e Mário de Andrade. *Pós-* (Revista do programa de pós-graduação em arquitetura e urbanismo da FAUUSP), São Paulo, n.18, p.76-92, dez. 2005.

COSTA, E. V. da. Alguns aspectos da influência francesa em São Paulo na segunda metade do século XIX. *Revista de História* (USP), São Paulo, n.16, p.317-42, 4º trim. 1953.

CZAJKOWSKI, J. (Org.). *Guia da arquitetura eclética do Rio de Janeiro*. Rio de Janeiro: Centro de Arquitetura e Urbanismo, 2000.

FABRIS, A. (Org.). O ecletismo à luz do modernismo. In: _____. (Org.). *Ecletismo na arquitetura brasileira*. São Paulo: Nobel / Edusp, 1987. p.280-96.

FICHER, S. *Os arquitetos da Poli*: ensino e profissão em São Paulo. São Paulo: Edusp, 2005.

FREITAS, A. A. de. *Tradições e reminiscências paulistanas*. São Paulo: Edição da Revista do Brasil / Monteiro Lobato & Cia. Editores, 1921.

_____. *Dicionário do Município de São Paulo*. São Paulo: Gráfica Paulista – Editora, 1929. (tomo I)

GLANCEY, J. *Guia ilustrado de Arquitetura*. Rio de Janeiro: Zahar, 2012.

GOUVÊA, J. P. N. *Cidade do mapa*: a produção do espaço de São Paulo através de suas representações cartográficas. São Paulo, 2010. 335f. Dissertação (Mestrado em Arquitetura e Urbanismo) – Faculdade de Arquitetura e Urbanismo, Universidade de São Paulo.

GUEDES, M.; BERLINCK, R. de A. *E os preços eram commodos...* Anúncios de jornais brasileiros – Século XIX. São Paulo: Humanitas / FFLCH-USP, 2000.

HOMEM, M. C. N. *Higienópolis*: grandeza e decadência de um bairro paulistano. São Paulo: Divisão do Arquivo Histórico / Secretaria Municipal de Cultura, 1980. (Série História dos Bairros de São Paulo, v.17.)

IL PALAZZO DELL'INDUSTRIA. Associazione Industriali Reggio Emilia, 2006.

LEMOS, C. A. C. *Arquitetura brasileira*. São Paulo: Edições Melhoramentos / Edusp, 1979.

_____. Azulejos decorados na modernidade arquitetônica brasileira. *Revista do Patrimônio Histórico e Artístico Nacional*, Rio de Janeiro, n.20, p.167-74, 1984.

_____. Ecletismo em São Paulo. In: FABRIS, A. (Org.). *Ecletismo na arquitetura brasileira*. São Paulo: Nobel / Edusp, 1987. p.68-103.

_____. *Ramos de Azevedo e seu escritório*. São Paulo: Pini, 1993.

_____. El estilo que nunca existió. In: AMARAL, A. (Coord.). *Arquitectura Neocolonial*. São Paulo: Memorial da América Latina, 1994. p.147-64.

LÉVI-STRAUSS, C. *Tristes trópicos*. São Paulo: Ed. Anhembi, 1957.

LOBATO, M. *Idéas de Jéca Tatu*. 2.ed., São Paulo: Edição da "Revista do Brasil", 1920.

LOPEZ, T. A. (Org.). *De São Paulo*: cinco crônicas de Mario de Andrade. São Paulo: Ed. Senac, 2004.

MACAMBIRA, Y. de M. P. *Os mestres da fachada*. Centro Cultural São Paulo (Divisão de Pesquisas), 1985.

MACEDO, S. S. *Higienópolis e arredores*: processo de mutação da paisagem urbana. 2.ed. São Paulo: Edusp, 2012.

MACHADO, A. de A. *Prosa preparatoriana & Cavaquinho e Saxofone*. Rio de Janeiro: Civilização Brasileira, 1983.

MARQUES, M. E. de A. *Apontamentos historicos, geographicos, biographicos, estatisticos e noticiosos da Provincia de S. Paulo*. Rio de Janeiro: Typographia Universal de Eduardo & Henrique Laemmert, 1879. (v.I.)

MICELI, S. SPHAN: refrigério da cultura oficial. *Revista do Patrimônio Histórico e Artístico Nacional*, Rio de Janeiro, n.22, p.44-7, 1987.

MOREIRA, A. L. A. *A estrutura do Palácio da Justiça em Brasília*. Brasília, 2007. 164f. Dissertação (Mestrado em Estruturas e Construção Civil) – Faculdade de Tecnologia, Departamento de Engenharia Civil e Ambiental, Universidade de Brasília.

OBERACKER JÚNIOR, C. H. "O grito do Ipiranga": problema que desafia os historiadores. *Revista de História* (USP), São Paulo, n.92, p.411-64, 4º trim. 1972.

OSIRARTE (catálogo da exposição). Pinacoteca do Estado de São Paulo, 1985.

PARETO JÚNIOR, L. *O cotidiano em construção*: os "práticos licenciados" em São Paulo (1893-1933).

São Paulo, 2011. 250f. Dissertação (Mestrado em Arquitetura e Urbanismo) – Faculdade de Arquitetura e Urbanismo, Universidade de São Paulo.

PATETTA, L. Considerações sobre o ecletismo na Europa. In: FABRIS, A. (Org.). *Ecletismo na arquitetura brasileira*. São Paulo: Nobel / Edusp, 1987. p.8-27.

PEREIRA, J. H. M. *As fábricas paulistas de louça doméstica*: estudo de tipologias arquitetônicas na área de patrimônio industrial. São Paulo, 2007. 136f. Dissertação (Mestrado em História e Fundamentos da Arquitetura e do Urbanismo) – Faculdade de Arquitetura e Urbanismo, Universidade de São Paulo.

RANGEL, A. *Dom Pedro I e a Marquesa de Santos*: à vista de cartas íntimas e de outros documentos públicos e particulares. São Paulo: Editora Brasiliense, 1969.

RANZINI, F. *Estylo colonial brasileiro*: composições architectonicas de motivos originaes. São Paulo: Editor Amadeu de Barros Saraiva, 1927.

REIS, N. G. *Racionalismo e protomodernismo na obra de Victor Dubugras*. Fundação Bienal de São Paulo, 1997.

REIS FILHO, N. G. *Quadro da arquitetura no Brasil*. 5.ed. São Paulo: Editora Perspectiva, 1983. (Coleção Debates n.18.)

RIBEIRO, E. V. Da subjetividade ao discurso da cientificidade: paradoxos acerca da historiografia do SPHAN. *Revista CPC* (Centro de Preservação Cultural – USP), São Paulo, n.15, p.27-49, nov. 2012/ abr. 2013.

ROCHA, R. Algumas questões sobre autoritarismo e formação do ideário da arquitetura moderna carioca. *Risco* (Revista de Pesquisa em Arquitetura e

Urbanismo – Programa de pós–graduação do IAU--USP), São Carlos, n.4, p.15-20, 2006.

RODRIGUES, J. W. *Documentário arquitetônico relativo à antiga construção civil no Brasil*. 2.ed. São Paulo: Edusp / Livraria Martins Editora, 1975.

SALMONI, A.; DEBENEDETTI, E. *Arquitetura italiana em São Paulo*. São Paulo: Editora Perspectiva, 1981. (Coleção Debates n.173.)

SÃO PAULO ANTIGO – Plantas da Cidade. Comissão do IV Centenário da cidade de São Paulo, 1954.

SÃO PAULO (Estado). Secretaria dos Negócios Metropolitanos. *Bens culturais arquitetônicos no município e na Região Metropolitana de São Paulo*. São Paulo: SNM, Emplasa, Sempla, 1984.

SÃO PAULO (Estado). Conselho de Defesa do Patrimônio Histórico, Arqueológico, Artístico e Turístico do Estado de São Paulo. *Patrimônio Cultural Paulista*: Condephaat, bens tombados, 1968-1998. São Paulo: Imprensa Oficial do Estado, 1998.

SÃO PAULO (Município). Departamento do Patrimônio Histórico. *Palácio das Indústrias*: memória e cidadania. O restauro para a nova Prefeitura de São Paulo. São Paulo: Edição DPH / Método, 1992.

SÃO PAULO (Município). Departamento do Patrimônio Histórico. *Guia de bens culturais da cidade de São Paulo*. São Paulo: Imprensa Oficial do Estado, 2012.

SEGAWA, H. *Arquiteturas no Brasil*: 1900-1990. 2.ed. São Paulo: Edusp, 1999.

SEVERO, R. A arte tradicional no Brasil. *Revista do Brasil*, São Paulo, v.4, p.394-424, jan./abr. 1917.

SOCIEDADE ARNALDO MAIA LELLO LTDA. Parque Residencial "Savoia". *Acrópole*, São Paulo, n.23, p.14-7, mar. 1940. Disponível em: http://www.acropole.fau.usp.br/edicao/23.

SOUZA, R. C. de. Mário, crítico da atualidade arquitetônica. *Revista do Patrimônio Histórico e Artístico Nacional*, Rio de Janeiro, n.30, p.24-47, 2002.

SOUZA, R. de A. e. *Louça branca para a Pauliceia*: arqueologia histórica da Fábrica de Louças Santa Catharina / IRFM – São Paulo e a produção da faiança fina nacional (1913-1937). São Paulo, 2010. 479f. Dissertação (Mestrado em Arqueologia) – Museu de Arqueologia e Etnologia, Universidade de São Paulo.

SOUZA, T. O. M. de. *O Estado de São Paulo*: physico, político, econômico e administrativo. São Paulo: Estabelecimento Graphico Universal, 1915.

TOLEDO, B. L. de. *Álbum iconográfico da Avenida Paulista*. São Paulo: Ed. Ex Libris, 1987.

WARCHAVCHIK, G. *Arquitetura do século XX e outros escritos*. São Paulo: Cosac Naify, 2006.

WOLFF, S. F. S. O moderno como opção estilística: A gradual assimilação das linguagens despojadas de ornamentos na arquitetura residencial do bairro Jardim América em São Paulo nas décadas de 20 a 40. In: SEMINÁRIO DOCOMOMO BRASIL, 3, 1999, São Paulo. Disponível em: http://www.docomomo.org.br/.

ICONOGRAFIA

O material iconográfico fac-similar cujos originais pertencem ao arquivo particular do pesquisador Dario Bueno aparece assim identificado: (ADB); os itens que integram o arquivo do autor: (AA). Todas as fotos não identificadas foram feitas pelo autor.

Título	Italiano e nosso: Felisberto Ranzini e o "estilo florentino"
Autor	Waldir Salvadore
Produção	Edna Onodera
Foto de capa	Roger Sassaki e Fernando Fortes (detalhe de ambrótipo digitalizado)
Produção gráfica	Gerson Tung
Projeto gráfico e capa	Ligia Minami
Editoração eletrônica	Ligia Minami
Tratamento de imagens	Gerson Tung
Preparação de texto	Fábio Bonillo
Revisão de texto	Mauricio Santana
Revisão de provas	Gerson Tung
Formato	16 x 23 cm
Tipologia	Minion Pro
Papel	Couchê Fosco 150 g/m^2 (miolo) Cartão Duo Design 300 g/m^2 (capa)
Número de páginas	224
Tiragem	1000